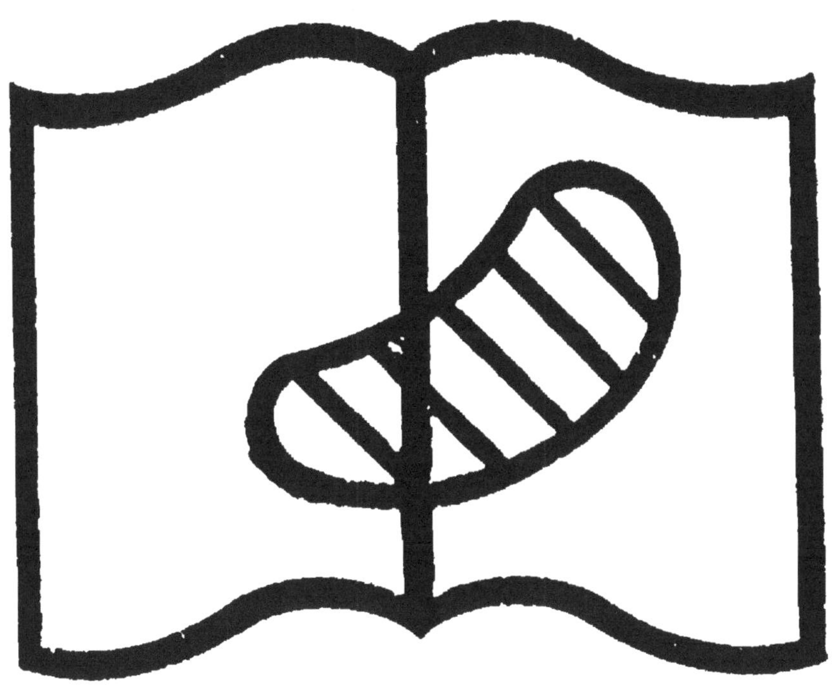

JE CHERCHE
LE BONHEUR.

JE CHERCHE LE BONHEUR

OU

LE CÉLIBAT, LE MARIAGE ET LE DIVORCE,

Sous le rapport des mœurs, de la société, et du bonheur des individus.

Par *A.c.f.s.f.d.c.c.*

La nature et l'hymen, voilà les lois premières.

VOLT.

A PARIS,

Chez MOUTARDIER, Libraire, quai des Augustins, N°. 28.
DESENNE, Libraire, palais du Tribunat, N°. 2.

An X.—1801.

PRÉFACE.

Le titre annonce assez que, ce livre regarde toutes les classes de la société. Mais, le plan et l'exécution, répondent-ils au sujet? c'est ce qu'il n'appartient qu'au public de décider.

Quoiqu'il en soit, je n'entrepris ce premier ouvrage, *que dans la seule vue, de répandre quelques idées utiles; ou, s'il m'est permis de le dire: mon dessein a été de suivre le précepte des* HORACES, *des* MABLIS, *et, d'unir* l'utile et l'agréable. *Si j'ai réussi, et que mon livre ne soit point indigne du public: qu'il le lise, et je suis trop récompensé!.... S'il est mauvais? qu'on le jette au feu!*

ERRATA.

Nota. *L'on omet les autres fautes typographiques, peu essentielles, pour ne pas trop allonger cet errata.*

Pag.	*Lig.*	Fautes.	Lisez :
12	18	*vigilence.*	vigilance.
15	22	*vains, fuit la vie simple, et ne.*	vains, et ne.
23	19	*compuée.*	conspuée.
24	19	*et ne.*	et qu'il ne.
25	3	*d'anchantemens.*	d'enchantemens.
26	16	*qu'aux.*	qu'au.
28	15	*viellesse.*	vieillesse.
29	2-17	*l'envie. — bien, soient.*	l'envi. — bien, que soient.
30	8-23	*etn'ont.- animaux.*	et qu'ils n'ont. — animaux.
32	21	*suplice.*	supplice.
38	5-6	*trops. — d'autre.*	trop. — d'autres.
41	20	*et se.*	et il se.
48	8	*qu'y.*	qui y.
57	3	DUSTAN.	DUNSTAN.
63	18	*tandis cependant.*	tandis que cependant.
70	11	*et Souverains.*	et aux *Souverains.*
72	10	*mene l'autre.*	mène à l'autre.
74	22	*et, lors.*	et que, lors.
75	8-20	*fait. — d'oracles.*	faits. — *d'oracle.*
77	4	manque au commencement de l'alinea :	*Questions préliminaires.*
83	16	*et disent.*	et ils disent.
86	18	BAUCIE.	BAUCIS.
98	11	*et cacher.*	et pour cacher.
101	23	*donna pauvre.*	donna au pauvre.
109	10	*extention.*	extension.
119	17	*nier.*	contester.
146	11	*et pour juger des convenances d'intérêt.*	et juger des convenances de moralité.
148	15	*dette, encore plus.*	dette, plus.

ERRATA.

164	11	*même.*	mêmes.
171	9-11	*les quels. — Consé-quenment.*	lesquelles. — Consé-quemment.
184	8	*un jour elles-mêmes.*	elles-mêmes, un jour.
234	14	*voudrait.*	vaudrait.

JE CHERCHE LE BONHEUR,

OU

LE CÉLIBAT, LE MARIAGE ET LE DIVORCE,

Sous le rapport des mœurs, de la société, et du bonheur des individus.

LIVRE PREMIER.

DU CÉLIBAT.

CHAPITRE PREMIER.

Absurdité du Célibat. Conduite des Peuples.

SOIT que ma vue se fixe sur les objets innombrables qui se trouvent à la surface du globe, soit que je pénètre dans les entrailles de la terre, ou que je plonge jusqu'aux plus profonds abîmes des mers; soit enfin, que mon esprit suive l'aigle dans son vol hardi, plane au-dessus des nues, et embrasse les diverses parties de ce vaste univers : par-tout, j'apperçois un système sublime, un enchaînement merveilleux de causes et d'effets ; et il semble que rien ne soit créé, sans avoir sa destination marquée. Si, abandonnant le spectacle de la nature, je me renferme en mon être et m'examine : je retrouve ce même système dans les effets incompréhensibles de l'âme, comme dans les objets purement physiques.

Que signifie donc ce sentiment inné, qui entraîne incessamment un sexe vers l'autre ? pourquoi ces organes producteurs, et cette jouissance exquise qui en excite l'activité ? la nature a-t-elle, par-là, voulu assurer la propagation de l'espèce ; ou bien, en contradiction avec elle-même, a-t-elle dérogé à ses loix augustes ? comment concilier ces facultés et ces provocations séduisantes, avec le triste et stérile célibat ?

Mais, combien ces preuves deviennent plus fortes, si je considère que, la même loi agit sur toutes les espèces ; sur les êtres inanimés même? les habitans des forêts, ceux de l'onde, le peuple léger des airs, insectes, végétaux : tout obéit à la loi de l'amour et de la réproduction.

L'aria, e l'acqua, e la terra, è d'amor piena (*).

Enfin, la nature, comme si elle voulait manifester sa volonté par toutes sortes de moyens, et ne point laisser le moindre doute ; punit les rebelles, par la privation de la santé, quelquefois de la raison, et même de la vie (1).

(*) *Le ciel, la terre et l'onde : tout est plein d'amour.*

PETRARQUE.

(1) BUFFON rapporte, qu'il a vu une jeune fille attaquée de la *fureur utérine*. Au seul aspect d'un homme, elle faisait les actions les plus indécentes, sans que la présence de sa mère, ni les remontrances, ni les chatimens, ni rien au monde pût la retenir. SAUVAGES parle d'une autre jeune personne qui, même au confessional, tout en gémissant et s'accusant de son malheur, ne pouvait s'empêcher de se *polluer*. TISSOT, HOFMAN, et beaucoup d'autres grands médecins, ainsi que des anatomistes célèbres, citent également de nombreux exemples de *fureurs utérines*, de *folie*, de *priapisme*, d'*épilepsie*, de *rage*, etc. etc. et de mort ; occasionnés par le défaut d'excrétion de la liqueur séminale.

Il paraîtrait, dit le PHILOSOPHE DE GENEVE, *que la vie est un bien qu'on ne reçoit, qu'à la charge de le transmettre ; une sorte de substitution, qui doit passer de race en race ; et que quiconque eut un père, est obligé de le devenir.*

Les peuples ont consacré cette vérité éternelle. Dans les tems les plus reculés, le célibat était regardé comme infâme. —Les *Hébreux* honoraient et respectaient le mariage, comme un état agréable au ciel. Les *Grecs* en eurent les mêmes idées. A *Rome*, la loi forçait tous les citoyens de se marier ; et l'on érigea un temple à la fécondité de *Poppéa*. Aujourd'hui, le célibat est proscrit au *Nord* et en *Orient*. En *Perse*, il est un crime. Les *Tunquinois* vont plus loin : ils l'ont tellement en exécration, qu'ils le regardent aussi criminel que l'assassinat même.

Comment donc cette peste, inconnue dans les autres parties du monde, a-t-elle pu infecter le *midi* ? *Auguste*, par les loix *Papiennes*, avait favorisé les mariages; et conséquemment, augmenté la puissance et la prospérité de l'état; mais le grand *Constantin*, sagement inspiré par les moines, changea toutes ces loix. *Théodose* et *Justinien*, achevèrent de les rendre nulles. Enfin, L'ÉGLISE a décidé que, *la stérilité est un état plus saint et plus agréable à la divinité.*

CHAPITRE II.

Parallèle du Célibat et du Mariage, sous le rapport du Bonheur.

Faut-il donc, pour jouir des plaisirs de l'amour, s'engager sous les loix D'HYMEN? et, si je puis les goûter en restant libre; pourquoi m'imposer le devoir terrible, de passer ma vie entière avec le même objet?.... Voilà le spécieux argument des hommes superficiels, qui jugent sur les simples apparences, et ne savent point apprécier les choses à leur vraie valeur.

Sans doute, une maîtresse fait passe

des momens voluptueux ; puisqu'elle est le choix des sens. D'ailleurs, les obstacles de tout genre, la gêne qu'impose l'opinion publique, le voile du mystère qui enveloppe ces amours, la crainte réciproque de se perdre : toutes ces circonstances doivent naturellement échauffer l'imagination, et rendre la jouissance plus piquante.

Mais aussi, ces mêmes raisons sont cause, qu'elle entraîne à sa suite, l'affreux cortège des inquiétudes et des remords. On redoute les yeux d'une mère, l'œil perçant du public ; on ressent des angoisses cruelles sur l'incertitude de la fécondité ; l'on craint la vengeance d'un frère ou d'un mari au désespoir ; enfin, on ne peut échapper à la vigilence de ce juge intérieur et inflexible, qui punit toujours à proportion du délit ; et l'on paie bien chèrement, un moment de plaisir plus convulsif.

Dans le temple de l'hymen, l'âme se maintient pure et calme : on ne connaît ni cette inégalité, ni ces troubles de toute espèce; et, si l'on n'y trouve pas au même degré, ce délire momentané, qui appartient plus particulièrement aux sens, on y goûte des plaisirs plus permanens et plus précieux, qui appartiennent d'avantage à la réflexion et au cœur.

Le transport d'un instant, n'est pas le bien suprême. (*)

En un mot, dans le célibat la jouissance, pareille à l'éclair, s'éclipse avec la même rapidité et annonce la foudre. Dans le mariage : l'on mène une vie paisible, égale et heureuse; l'on éprouve cette volupté douce et continue, dont parle *Epicure* : chaque jour y est serein; chaque jour est celui du bonheur.

CHAPITRE III.

Parallèle du Célibat et du Mariage, sous le rapport de la fortune.

C'est l'amour seul, qui rapproche deux amans et les tient unis. Or, cette passion,

(*) HELVÉTIUS.

portée à un certain degré, exclut ou domine toutes les autres. C'est ainsi que l'on voit jusqu'à d'impitoyables avares, se refusant à eux-mêmes les choses les plus nécessaires à la vie; et périssant, plutôt que de toucher à leur idole; la mettre aux pieds de la beauté qui a su les captiver. Quels effets opérera donc l'amour sur de jeunes cœurs, qui n'ont encore connu d'autre besoin que celui d'aimer? que d'amans sacrifieraient, sans balancer, tous les trésors de *Plutus*, aux moindres faveurs de leurs maîtresses? quel sacrifice pourrait coûter à ceux qui, à l'exemple de ces hommes, ivres d'amour, acheteraient volontairement de leur vie, une nuit de *Cléopâtre* (1)?

Que si l'amour unit deux cœurs également épris, leur perte n'en est que

(1) Sans aller si loin, nous avons vu en *France*, le chevalier de VILLIERS et le conseillier LA FRENAY, se tuer de désespoir: le premier, pour mademoiselle de *Lenclos*; le second, pour madame de *Tencin*.

plus prompte et plus assurée. Il s'engage un combat réciproque de générosité où, chacun se pique de paraître le plus désintéressé, pour prouver qu'il aime avec plus de force ; et ces âmes toutes célestes ne s'apperçoivent d'ordinaire, qu'elles tiennent à des corps, soumis à d'autres besoins que, quand leur fortune épuisée le leur fait sentir sans remède.

Mais, cet amour extrême est rare..... — Plut à dieu ! qu'il le fût moins. Les choses ont bien changé : jadis l'amour commandait aux hommes ; aujourd'hui, les hommes commandent à l'amour. En sont-ils meilleurs ? plus heureux ?.... Il n'en est pas moins vrai, que cet amour à la mode, et qui nous est tant reproché, sur-tout par les *Espagnols* ; sans procurer les mêmes jouissances, ruine souvent encore plus que l'autre.

En effet, il ne recherche que les plaisirs vains, fuit la vie simple, et ne se plaît qu'aux fêtes. *Cithéris* aime aussi à se montrer dans toute sa splendeur, pour tenir ses conquêtes invariablement attachées à son char. Cependant l'on ne peut vivre dans la profusion, la magnificence et les délices, sans faire de grandes brèches à sa fortune ; et, tôt ou tard, on trouve sa ruine. *Les biens de nos pères*, dit LUCRÈCE, *se métamorphosent en rubans, en bijoux et en festins.*

Dans le mariage, c'est toute autre chose. L'épouse sent que la société ne finira qu'avec la vie ; qu'il faut conséquemment s'occuper des moyens de la bien mener à son terme ; et, si elle n'était point d'abord assez pénétrée de cette vérité : bientôt, les enfans qui surviennent, sa tendre sollicitude pour eux, et les conseils d'un époux chéri ; mûriraient sa réflexion et achevraient l'ouvrage. Alors l'économie, loin d'être une vile et fastidieuse occupation, devient à la fois un devoir sacré, et un sujet de plaisirs.

Mais aussi, quelle différence entre leur sort ! nos sages époux, parvenus à l'âge où les forces nous abandonnant, il ne reste pour ressource, que les épargnes de la jeunesse ; se reposent, et jouissent en paix du fruit de leur prévoyance ; tandis que les autres, s'étant conduits en sens inverse, manquent de tout, précisément lorsqu'ils éprouvent les besoins les plus pressans ; et déplorent en vain, sur leurs vieux jours, les erreurs et les fautes de leur jeune âge.

CHAPITRE IV.

SANTÉ.

Frigidus, ô pueri, fugite hinc ! latet anguis in herbâ (*) ! VIRGILE.

Un instinct mutuel fait, qu'un sexe est un besoin pour l'autre ; et, comme nous l'avons dit, tend continuellement à les rapprocher. C'est la loi de la nature. Son empire est indestructible ; et tous les êtres y seront toujours nécessairement soumis. Il arrivera donc, que les hommes qui n'auront point chez eux un objet,

(*) *O jeune homme, fuis promptement ! un serpent terrible est caché sous les roses !*

auquel ils puissent rendre leur culte, iront sacrifier à des divinités étrangères et fausses; d'autant plus dangereuses, qu'elles savent parfaitement contrefaire les véritables, et employer un langage et des manières encore plus séduisans. Pareilles, en quelque sorte, à ces monstres de la fable, elles attirent par l'appas du plaisir; pour plus sûrement immoler leurs victimes. *Ce souris charmant*, dit THOMPSON, *ces grâces enflammées, ce regard modeste, sous des dehors qui semblent les cieux; cachent la ruse, la cruauté et la mort!* Heureux! si elles la donnaient à l'instant, au lieu de communiquer un venin qui épuise, et fait mourir par degrés. Que de souffrances d'épargnées!....

Mais, quel tableau vient frapper ma vue?.... quel changement dans l'espace de trois mois? est-ce lui ou si c'est un rêve?.... quoi! ce teint qui respirait la santé et la fraîcheur; ces yeux qui annonçaient la joie et la vie; sont transformés en un teint livide, et des yeux mourans! un soufle infect s'exhale de sa bouche ! une maigreur hideuse a énervé tout son corps, qui se soutient à peine ! en un mot, il ressemble plutôt à un squélette, un spectre, qu'à un être vivant !.... — « Hélas! » que n'ai-je écouté vos conseils? le chant » des *Sirènes* m'a séduit, et j'ai cruellement payé mon imprudence. Le changement qui vous frappe, est le prix » d'un instant de plaisir, déjà acheté par » trois mois de tourmens. Un poison » mortel est répandu dans toutes mes » veines ; et mon corps, mutilé, et prêt » à se dissoudre, est déchiré par les furies, qui ne laissent aucun intervalle » à mes douleurs !.... »

C'est donc là le terme de cette frénésie, qui dans son emportement, renverse tous les obstacles, et que rien ne peut vaincre !.... Que de jeunes gens, moissonnés dans leur printems ! que d'hommes de tous les âges, immolés à l'autel de *Vénus* !....

Si l'art vient à leur secours, et les soustrait à l'avide mort ; qu'y gagnent-ils ?

quelle est leur perspective, pour un âge avancé? à combien de maux ils seront en proie! *attaques de nerfs*, *perte de la mémoire*, *cécité*, *pulmonie*, *paralisie*; toutes les maladies les plus cruelles les attendent, pour les tourmenter et ne les quitter qu'au tombeau! ou plutôt, comme dit LUCIEN, pour en faire de vrais *sépulcres animés*!....

Par quel aveuglement funeste, ceux que leurs passions excitent, ne pensent ils pas toujours à ces suites fatales!....

O sexe enchanteur! et sans lequel il n'est pas de félicité sur la terre! faut il que la source des plus grandes délices, soit aussi la source des plus affreux tourmens!...

Cependant, la peine de la débauche ne se borne point à ses auteurs. Les maladies honteuses distillent un venin si terrible que, le vice qui en reste dans le sang, se communique à l'enfant, et l'attaque dans le sein de la mère (1).

---

(1) « Si la mère est attaquée du virus vénérien, » l'enfant devient malade de la même maladie;

Ainsi ces êtres innocens apportent au monde, le germe de leur destruction et de la mort ! ainsi, leurs pères les assassinent, en leur donnant la vie.

C'est en parlant des effets de la débauche, que le celèbre TISSOT dit : *la génération qui passe, compte des familles de plus de vingt enfans : celle qui vit, ne compte pas vingt germains : celle qui vient, ne connaîtra plus les frères.*

Mais, ne peut-on sacrifier à *Sibaris*, sans payer le tribut ?.... Cette infâme maladie est tellement repandue que, l'on pourrait presque répondre affirmativement. Les exceptions sont si rares, qu'on les regarde comme des phénomènes. Il serait pourtant

« et on peut penser que, toutes les maladies qui « viennent du vice ou de l'altération des humeurs, « peuvent se communiquer de la mère au fœtus. « On sait en particulier, que la *V*..... se communique ; et l'on n'a que trop d'exemples d'enfans qui » sont, même en naissant, les victimes de la débauche de leurs parens ». BUFFON, *du Développem. et de l'Accroissem. du fœtus ; de l'Accouchem. etc.*

si facile..... O hommes ! qui n'êtes point ennemis de vous-mêmes, reconnaissez votre erreur ! hâtez-vous de choisir une vertueuse compagne..... les charmes de cette vie délicieuse, et dont l'on n'a d'idée que dans le mariage ; en même tems qu'ils feront votre bonheur, vous garantiront de tous les fléaux qui vous ménacent dans le célibat.

CHAPITRE V.

FÉCONDITÉ.

Ch'un poco dolce, molto amaro appaga (*) !

PETRARCA.

Le fruit de leurs amours, en resserrant les liens de deux époux, multiplie leur bonheur. Dans le célibat, la fécondité est le signal de la mort.

Ce sont d'abord des alertes, sur le moindre soupçon. Les symptômes les plus équivoques, deviennent presque des si-

(*) *Qu'un instant de plaisir, cause des maux cruels !*

gnes indubitables ; et ces craintes, comme une peine attachée à un état qui mine les fondemens de la société, se renouvellent sans cesse. Que de pleurs ne verse point une jeune fille, dans cette position ? que de nuits elle passe, sans que le sommeil s'approche de sa paupière ? A quel prix elle achète, les faveurs du perfide amour !

Mais la nature, jalouse de ses droits, les revendique-t-elle ? met-elle en défaut, les téméraires qui veulent les éluder ? c'est alors que les peines sont terribles ! cette certitude est un coup de foudre, qui vient écraser cette amante infortunée..... que ne peut-elle rester ensevelie, dans cet état d'anéantissement!..... hélas ! un reveil cruel lui découvre tout l'abîme de ses maux !.... maudite par son père, deshonorée à jamais, conspuée du public, privée de tout espoir d'établissement ; et mettant au monde, accablée de douleurs, un être malheureux!....

Enfin elle approche, l'époque fatale !.... Dieux ! que va devenir cette tendre mère, qui aurait donné tout son sang, pour conserver intact, l'honneur de sa fille ! d'une fille chérie, qui faisait sa gloire et sa félicité !.... quel sera son désespoir, quand elle verra !.... O YOUNG, chantre fameux de la mort ! quitte les tombeaux ! laisse un moment *Lucie*, *Narcisse* et *Philandre* ; et peins nous les déchiremens, les cris, les convulsions, de cette mère prête à les suivre !....

CHAPITRE VI.

Continuation du même sujet.

Mais, à tout mal il y a remède; et les amans peuvent couvrir leurs fautes, en devenant époux.....

Ces exemples sont rares. D'abord, l'homme par sa nature est inconstant, et avide de goûter des plaisirs nouveaux. Tant qu'il desire et ne jouit que dans l'avenir, il se fait d'heureuses illusions, qui lui peignent tout avec les couleurs les plus séduisantes. Les défauts même paraissent à ses yeux des beautés ; et son imagination le transporte avec l'objet de son amour, dans les pays d'anchantemens, dans les régions éthérées ; où il s'égare et se perd. A-t-il possédé ? tout à coup, il retombe dans l'endroit le plus enfoncé de la terre : l'illusion l'abandonne, son imagination se glace ; et il n'éprouve plus que la satiété et le dégoût.

Je me plais néanmoins à rendre justice au beau sexe, et soutiens, en dépit de LA BRUYÈRE (1), qu'il est de certaines femmes dont, comme des *Ninon*, des *Aspasie*, des *Cléopâtre* ; on pourrait dire avec un écrivain célèbre : *la première jouissance, n'est qu'une première faveur*. Mais le nombre de ces femmes est bien petit, et ne forme qu'une très-faible exception à la règle.

Il est une autre raison, non moins

---

(1) *Les femmes*, dit-il, sans faire d'exception, *s'attachent aux hommes, par les faveurs qu'elles leur accordent : les hommes, guérissent par ces mêmes faveurs.*

puissante. Il semblerait que, toutes les vertus d'une femme soient attachées à son *honneur*, et perdues sans retour, dès qu'il a reçu la première atteinte. Il est comme la virginité des *Vestales* et le *feu sacré*, dont dépendaient les destins de *Rome*. En effet, toutes les vertus tiennent ensemble, ainsi que les divers anneaux d'une chaîne ; et l'on ne peut en détacher une seule, sans ébranler toutes les autres. Une femme facile perd donc, et l'estime et la confiance, de l'homme à qui elle s'est livrée; et rarement un amant heureux épouse sa maîtresse (1).

---

(1) Qu'aux *Philippines* une fille, encore vierge lors de son mariage, soit regardée avec mépris ; qu'aux royaume de *Batemina*, toutes les femmes indistinctement, soient obligées par la loi, et sous peine de mort, de se livrer à quiconque les désire ; qu'à *Sparte* et à *Rome*, il ait été permis aux citoyens de prêter leurs épouses ; et conséquemment, que ces peuples se forment de l'*honneur* d'une femme, des idées toutes différentes que parmi nous : l'on sent que, cette objection ne détruit en aucune manière les principes avancés : *autres mœurs*, *autres de-*

CHAPITRE VII.

Sort d'un vieux Célibataire.

Væ soli (*) !

ECCLESIASTE.

Seul, sans consolation, sans ami, abandonné de l'univers !.... voilà le sort du célibataire de tout âge. Que sera-ce, quand les rides auront vieilli son front ; et que par ses infirmités, il sera devenu insupportable à lui-même, et un objet de dégoût pour les autres ?.... c'est alors qu'il sentira, mais trop tard, que rien au monde ne peut supléer à une épouse ; et que le célibat est l'état le plus malheureux.

Mais, avec de la fortune..... — Sans

voirs. Mais, à regarder nos mœurs actueles, l'on croirait que l'ordre physique est interverti ; et que chaque jour, nous approchons de quelques milles de BATEMINA.

(*) *Malheur, à quiconque vit seul !*

doute, on peut acheter le tems d'un domestique, comme l'on achète les bras d'un manœuvre. Mais il est des choses autrement précieuses, qui ne s'achètent pas à prix d'argent; et que tous les trésors de l'univers, ne sauraient ni procurer, ni payer. C'est de celles-là, que le célibataire manquera toujours; et quoiqu'il fasse, au lieu d'une tendre compagne, qui lui prodigue toutes ses caresses; d'une amie véritable, dont l'inquiette sollicitude et les paroles consolatrices, versent un baume salutaire sur ses maux; au lieu d'aimables enfans, qui répandent des fleurs sur sa vieillesse : il ne trouvera que des âmes intéressées et de glace, qui croiront toujours en faire trop, pour l'argent qu'ils reçoivent. *Riche indigent!* s'écrie YOUNG : *tu te flattes d'acheter l'amitié avec de l'or: vain espoir!*

C'est l'amour seul, qui peut payer l'amour (1).

D'ailleurs, le célibataire qui a de la

(1) Cette dernière sentence est commune, à YOUNG et à FONTENELLE.

fortune, est obsédé par d'avides collateraux, qui intriguent les uns à l'envie des autres, pour se l'approprier. Tous respirent après le moment de sa mort; pour jouir d'un bien qu'ils regardent comme un dépôt, entre les mains d'un homme, inutile à la société; et qui a la cruauté de le conserver trop longtems. Ils l'enterrent en quelque sorte déjà tout vivant; car, ils conviennent des lots d'avance, et n'attendent même pas qu'il ait rendu le dernier souffle, pour se jetter sur ses dépouilles. Tels, des bandits, qui viennent d'assassiner un voyageur, partagent devant lui le butin; pendant qu'il rend les derniers soupirs. De quels soins pense-t-on bien, soient capables, des créatures de cette espèce?....

Au défaut d'héritiers, souvent le mal augmente encore; parceque le cercle de l'intérêt et de l'intrigue est plus étendu. Le droit d'aucun, fait naître les prétentions de tous; et chacun dit au fond du cœur : *assure-moi ton bien, et péris à l'instant!*

Que s'il est assez imprudent, pour donner dans les pièges dont on l'entoure, et se mettre dans la dépendance de quelqu'une de ces âmes atroces ; il est perdu sans remède. Le reste de ses jours n'est plus, qu'amertume et misère ; car, dès qu'ils sont parvenus à leurs fins, et n'ont plus besoin de le flatter, ils lèvent impunément le masque ; et se dédommagent en quelque sorte, de la gêne à laquelle ils étaient forcés, pour préparer leurs machines. Ils ont même un intérêt direct à lui rendre la vie insupportable, à lui refuser tout ce qu'il faudrait pour la conserver : en un mot, à le tuer par les mauvais traitemens, les regrets et le désespoir.

Célibataires ! qui fuyez les doux nœuds de l'hymen, pour vous trouver à la merci de gens avides, faux et cruels ; tel est l'avenir que le destin vous prépare ! si vous êtes sourds au cri de la nature, qui se fait entendre aux annimaux les plus féroces : ne le soyez pas à celui de votre plus cher intérêt.

GHAPITRE VIII.

Le célibat est funeste aux Familles.

Nous avons dit que, les hommes privés chez eux, d'un objet qui réponde à leurs désirs, vont irrésistiblement le chercher ailleurs. Or, il est naturel, qu'il s'adressent de préférence aux femmes sages : autrement, il faudrait qu'ils fussent insensibles à l'amour du *beau*. Mais, en supposant même que cela fût, bientôt ils sentiraient leur erreur et feraient, du moins pour l'intérêt de leur santé, ce que leur âme matérielle et grossière, n'aurait point inspiré d'abord.

C'est donc dans les familles honnêtes, que les célibataires iront tendre leurs pièges ; et c'est l'asile de l'innocence et de la vertu, qui deviendra le théâtre de la débauche.

Ici, un vil corrupteur séduit une jeune fille, et la flétrit. Là, un barbare, par ses paroles trompeuses et ses sentimens feints, arrache sa victime de la maison paternelle ; et dans peu, rassasié, il l'abandonne, et la fait périr dans le dénuement et l'opprobre. Tantôt, c'est un perfide qui, abusant des droits de la confiance et de l'amitié, corrompt une jeune épouse, pour la livrer aux remords et au malheur.

Nous avons vu, quelles étaient les déplorables suites, de la fécondité ! il est donc inutile de les retracer ici. A la vérité, toute fille qui s'oublie, n'est point féconde ; néanmoins si le premier pas, si une première faute entraîne toutes les autres : n'est-il point vrai, qu'abstraction du résultat, la chûte d'une femme ou d'une fille, est ce qui lui peut arriver de plus funeste.

Mais qu'on se représente le désespoir d'un époux qui surprend, infidelle, une épouse qu'il idolâtrait ! y a-t-il au monde, un suplice égal à celui-là !.... à l'instant encore, ils goûtaient la paix et le bonheur ; ils étaient les plus heureux de la terre : actuellement, ils en sont les plus infortunés ! c'est bien d'eux que l'on peut dire :

Combien en un moment, heureux et misérables (*)!....

Quelle sera d'ailleurs la destinée, du fruit d'un pareil amour!....

Vous attribuez au célibat, objecte-t-on, ce qui ne lui appartient pas plus qu'au mariage ; puisqu'il y a des maris, comme de célibataires, libertins.

Il faut convenir, qu'il n'est que trop de maris qui oublient leurs devoirs ; et par-là, sont doublement coupables ; mais cela ne détruit point que, les plus grands désordres ne viennent du célibat. En effet, il est plus naturel, de la part de celui qui n'a pas de femme, de s'adresser à celles des autres ; qu'il ne l'est, de la part de celui qui en a toujours une à sa disposition. L'un possède, et par cela-même, est moins tenté de posséder : l'autre est privé ; et ses desirs en

(*) RACINE.

sont plus violens. D'un autre côté l'hymen, par son influence et ses divers rapports, rend l'homme plus vertueux et plus sage. Aussi, pour un seul homme marié, trouve-t-on toujours vingt célibataires débauchés. Il y aura donc nécessairement plus de désordres, à proportion qu'il y aura plus de célibataires ; comme MONTESQUIEU s'exprime d'une manière fort piquante à ce sujet : *lorsqu'il y a plus de voleurs, il y a aussi plus de vols.*

Les gouvernemens, dans l'impuissance d'extirper le mal, y apportent un palliatif; en tolérant les maisons publiques. C'est opposer un vice moindre, à un vice plus grand. Que si, à l'exemple d'un *César*, d'un *Auguste*, d'un *Louis XIV*, on encourage les unions et les favorise: l'on détruit le mal par le bien.

CHAPITRE IX.

Le célibat est funeste à l'Etat : rapports Physiques.

Plus il y a de célibataires, moins l'état est peuplé. Cela est de la dernière évidence. Nous nous bornerons donc à examiner les résultats.

1°. La société en est moins forte. En effet, il est incontestable que, toutes choses d'ailleurs égales, un peuple qui a moins de défenseurs, est aussi moins bien défendu ; comme cinq ou dix, ne peuvent point opposer la même résistance, que quinze ou vingt.

2°. Qu'est-ce qui fait la prospérité d'un état, si ce n'est, lorsque toutes les terres sont mises dans leur plus grand produit ; et que l'industrie et le commerce, par un heureux concours, versent dans le trésor national, les fonds nécessaires aux dépenses publiques ? or, ceci tient absolument à la population : car, plus il y a de bras, mieux les terres sont cultivées ; plus il y a de consommateurs, plus aussi ils sont obligés de se livrer à toutes les branches d'industrie et de commerce, pour fournir à leurs besoins. L'*industrie*, le *commerce* et l'*agriculture*, sont donc plus ou moins florissans, selon que la *population* est plus ou moins florissante elle-même ; et par conséquent le célibat, qui la diminue, est indubitablement nuisible à la société. *C'est*, dit ROUSSEAU, *le défaut d'habitans dans un pays ; qui l'empêche de nourir le peu qu'il en a ; et dans toute contrée qui se dépeuple, l'on doit tôt ou tard mourir de faim.*

L'expérience a toujours démontré la vérité de ces principes ; et je pourrais, à leur appui, comparer l'un à l'autre, deux pays inégalement peuplés : tels la *Chine* et la *Perse* ; ou, la *France* et l'*Espagne*. En *Chine*, où il existe une population immense, les terres sont toutes bien cultivées ; on n'y trouve pas un centiare (*), qui

(*) *Mètre carré.*

ne soit mis en valeur; et les arts méchaniques y sont exercés, avec une adresse et une activité extrêmes. En *Perse*, où peu d'habitans sont disséminés sur de vastes régions, par-tout l'on rencontre des landes et des friches; l'agriculture, totalement négligée, y est pour ainsi dire dans l'enfance; et le commerce et l'industrie sont presque nuls. — En *France*, un des états les plus peuplés de *l'Europe*, l'agriculture a fait les plus grands progrès; et les arts et le commerce, avant la guerre actuelle, rivalisant avec la *Hollande* et la *Grande-Bretagne*, se trouvaient dans la situation la plus brillante; tandis que *l'Espagne*, dépeuplée par ses possessions, et ses colonies dans le nouveau monde; se trouve sous tous les rapports, dans un état d'épuisement et de langueur.

Je pourrais encore, mettre le même pays en parallèle avec lui-même, selon sa population différente: comparer, par exemple, la délicieuse *Campagne de Rome*, couverte d'habitans, féconde et heureuse ; au tems des *Augustes* ; des *Antonins*, des *Titus* ; à *Rome* déserte, stérile et misérable, sous les loix des *Papes*. Mais le cœur me saigne, et les souvenirs sont par trops amers!....

Sans contredit, d'autre causes concourent encore à la ruine des états. Parmi nos modernes, les *Helvétius*, *Mabli*, *Montesquieu*, *Condillac*, et quelques autres, les ont développées avec beacuoup de sagacité ; néanmoins, il restera toujours vrai que, la dépopulation est la cause la plus immédiate, la plus absolue, et la plus désastreuse.

Je ne disconviens pas non plus, qu'une excessive population n'eût aussi ses inconvéniens. L'ancienne *Grèce*, ne pouvant plus suffire à ses nombreux citoyens, fut obligée d'en transporter uue partie dans l'*Asie-Mineure*, en *Italie*, dans la *Gaule*, et dans les *isles* de la *Méditerranée*. D'autres peuples, eurent recours à d'autres moyens. MINOS, introduisit en *Crète*, l'amour *Socratique*. ARISTOTE, comme dans l'isle *Formose*, ordonne l'*avortement*.

Les

Les *Suisses*, vendent leur superflu d'habitans, aux puissances étrangères.....

Mais il faut remarquer que, les circonstances sont toutes différentes : l'*Europe*, ainsi que l'observe le LÉGISLATEUR DES NATIONS, *a besoin de loix qui favorisent la propagation de l'espèce humaine* ; et les états sont plutôt en danger, comme l'Espagne, de périr faute d'habitans, que par leur trop grand nombre.

CHAPITRE X.

Le Célibat est funeste à l'Etat : rapports Politiques et Moraux.

Si le célibat est nuisible sous le rapport des richesses et des forces nationales, il l'est encore sous celui des forces morales ; et je soutiens, généralement parlant, qu'un célibataire ne sera jamais aussi vertueux, ni aussi bon citoyen, qu'un père de famille.

Il en est à certains égards, de l'âme comme du corps : elle contracte, ainsi que lui, de bonnes ou de mauvaises habitudes, et se forme au bien ou au mal; selon qu'elle est modifiée diversement Or, que l'on compare la position du célibataire, avec celle de l'homme marié! Celui-ci, en prenant une compagne, étend la sphère de ses affections, multiplie son être, et vit en quelque sorte dans son épouse et ses enfans. Quelquefois même son amour l'identifie avec eux si intimement, qu'il s'oublie tout entier, pour ne s'occuper que de leur propre bonheur. De cette manière, le *moi absolu*, se confond de plus en plus dans le *moi relatif*; et l'âme continuellement exercée et portée à toutes les vertus, se prépare, en se répandant au dehors, et en s'étendant sur la famille; à s'étendre bientôt sur la société et sur l'humanité entière. *C'est par la petite patrie, qui est la famille*, dit ROUSSEAU, *qu'on s'attache à la grande.*

Mais le célibataire, où puiserait-il l'amour de ses concitoyens? un individu qui ne tient à rien, et n'est uniquement occupé que de sa personne, peut-il aimer autre chose? une âme que rien n'exerce, que rien n'émeut, et qui demeure toujours concentrée en elle-même; peut-elle s'ouvrir aux doux sentimens de philantrophie? je demande avec un écrivain moderne : que peut attendre la patrie de l'homme qui *est lui seul à ses yeux, toute sa patrie*?

D'un autre côté, l'homme marié, pour soutenir sa famille, et lui procurer des établissemens; fait des entreprises, dont le succès est subordonné au maintien et à la prospérité de l'état. Il est donc encore intéressé à contribuer de toutes ses forces au bien général; puisque par-là, il travaille indirectement pour son propre compte.

D'ailleurs, par l'embarras du transport, il ne peut guères se déplacer, et se trouve ainsi, non-seulement comme attaché au sol du pays; mais même de la commune où il est établi; et pour laquelle il s'affectionne nécessairement.

Le célibataire n'est intéressé ni fixé

par rien, et ne connaît d'autres bornes que l'*univers*.

Enfin, il est évident que le célibat est également nuisible sous le rapport des MŒURS ; puisqu'il engendre l'égoïsme, la séduction, le libertinage, l'adultère : autant de fléaux qui détruisent la société.

Effrayés de toutes ces conséquences fatales, les législateurs et les gouvernemens ont toujours pris des mesures, pour diminuer le nombre des célibataires. *Licurgue* les note d'infamie, et les exclut de tous les emplois. *Platon* les condamne à une amende. A *Rome*, les *Censeurs* employaient les moyens les plus violens, pour dégoûter du célibat. Les *Lacédémoniens*, outre la sévérité des loix, faisaient encore usage des armes du châtiment et du ridicule : tous les ans, les femmes allaient prendre, chez eux, les hommes non mariés; les conduisaient nuds, au milieu des mépris et des huées, dans le temple de *Junon* ; et là, comme à des criminels, elles leur donnaient le fouet, aux pieds de la déesse.

Les publicistes ont joint leurs voix, à l'autorité des législateurs : PUFFENDORF, en parlant du célibat, s'exprime ainsi : *rien n'est plus contraire à l'ordre de la société humaine, et de la société civile ; qu'une vie vagabonde, ou l'on n'a ni feu ni lieu.*

Il est une autre espèce de célibataires, non moins nuisible ; et plus dangereuse à l'état. Nous allons en parler dans les chapitres suivans.

CHAPITRE XI.

Célibat des ecclésiastiques : rapports Moraux.

O miseras hominum mentes (*)!

LUCRÈCE.

Il est inconcevable comment des hommes ont assez méconnu l'empire de la nature pour croire, qu'ils parviendraient à étouffer les passions qu'elle a mises en

(*) *O esprits stupides !*

eux; pour croire, qu'au milieu de tant d'objets propres à aiguillonner les désirs; et malgré ce sentiment irrésistible, qui porte à la jouissance; ils pourraient néanmoins toujours vivre *continens*..... Afin qu'une pareille entreprise pût réussir, il faudrait pouvoir réformer la nature; et conséquemment, être un second créateur, plus puissant que le premier; puisqu'on détruirait son ouvrage.

Néanmoins le CONCILE de TRENTE, refusa de *rendre* aux ecclésiastiques la liberté du mariage; parceque *le célibat est un état plus pur, et plus convenable à la sainteté de la profession ecclésiastique.*

Voilà donc le grand argument, ou pour mieux dire, le *prétexte* (*a*); sous lequel on combat le mariage.

Les notes au sujet des PRÊTRES la plupart *historiques*; se trouvent à la suite de ce Ier. Livre.

L'on pourrait à cet argument, opposer celui de l'ABBÉ de ST. PIERRE, et demander : pourquoi l'on voudrait qu'un prêtre fût plus parfait, que les *Saints* et les *Apôtres* (*b*)? *l'objection*, ajoute cet estimable écrivain, prouve trop; *et par conséquent ne prouve rien.* L'on pourrait encore, si l'on voulait entrer dans une discussion théologique, opposer la décision de ST. PAUL : *oportet episcopum esse unius uxoris virum* (*) ; et la décision de beaucoup d'autres SAINTS ; parmi lesquels CLÉMENT d'ALEXANDRIE, s'exprime en ces termes : *l'Apôtre admet quiconque n'a qu'une seule femme ; qu'il soit prêtre, diacre ou laïc, n'importe ! pourvu qu'il use du mariage d'une manière irrépréhensible*, IL SERA SAUVÉ PAR LA PROCRÉATION DES ENFANS. L'on pourrait opposer les CANONS APOSTOLIQUES, et les décrets de plusieurs CONCILES. Enfin, rappeler que, dans tout le NOUVEAU TESTAMENT, il n'y a pas une seule ligne en faveur du célibat des prêtres ; et que dans L'ANCIEN, Dieu lui-même engage les *Lévites* au mariage.

Mais, nous laisserons de côté, tout ce qui tient à la *Théologie* ; et nous verrons

---

(*) *Il convient qu'un évêque soit le mari d'une seule femme.*

d'ailleurs, toute la futilité des motifs, sur lesquels s'est fondé le CONCILE de TRENTE.

Je ne comprends pas, comment le célibat soit un état plus pur, à moins qu'on ne prétende que le créateur, qui nous a donné l'instinct, des désirs, des organes; et nous punit si cruellement lorsque nous désobéissons; n'est pas pur lui-même. Quoi! je serai moins pur, parceque je me soumettrai à l'empire d'une loi éternelle! je serai moins pur, parceque je suivrai la direction invincible, que m'a imprimée l'auteur de mon être!

Quoi! un *père* et une *mère de famille*, qui donneront des citoyens à l'état, et des défenseurs à la patrie; seront moins purs que des *vierges folles*, et des *moines fainéans*! quoi! des prêtres ont osé flétrir le mariage, punir même les laïcs qui le contractaient; et soutenir, quil est un *état criminel*!.... quelle étrange doctrine, qui renverse toutes les lumières, et menace la société de sa dissolution ! ou plutôt, quel horrible blasphême !....

N'est-il pas plus à craindre que, le célibat forcé des ecclésiastiques, au contraire, ne devienne un état impur et criminel? en effet, les obstacles irritent les passions et les exaltent. Défendez à un homme la chose la plus indifférente et qui, jusques-là, était pour lui sans le moindre intérêt : à l'instant, votre défense l'excite, lui donne de l'activité, le passionne, l'enflamme ; et il fera plus d'efforts, à propotion que la défense sera plus absolue.

Plus l'obstacle était grand, plus fort fut le désir (*).

C'est l'histoire de la première femme. Elle vivait en paix, avec *Adam*, dans le Paradis terrestre. Tout était à leur disposition, et ils ne désiraient rien. *L'arbre* de *science* n'excitait pas plus leur curiosité, que tous les autres. Mais,

(*) LA FONTAINE.

Dieu veut éprouver leur obéissance: à peine a-t-il, sous des punitions terribles, défendu de toucher à cet *arbre*, qu'EVE ne peut plus contenir son envie : elle mord dans la *pomme*.....

De même, la défense aux ecclésiastiques de pénétrer dans le temple de l'amour, loin d'étouffer en eux l'instinct qu'y entraîne si puissamment tout homme, le rend au contraire beaucoup plus vif et plus emporté. *La nature*, dit DIDEROT, *révoltée d'une contrainte pour laquelle elle n'est point faite, devient furieuse.*

Qu'en arive-t-il? les religieuses font comme EVE; ou bien, elles ont recours aux moyens, dont cet écrivain célèbre fait une si affreuse peinture. Les hommes suivent l'exemple de l'abbé GUASCO qui, pour une seule femme qu'on lui refusait, établissait son sérail par-tout. De son propre aveu, il avait trois femmes de plus que DAVID et MAHOMET.

CHAPITRE XII.

Continuation du même sujet.

Mais, combien le sentiment de l'amour ne doit-il pas devenir brûlant, si l'on considère les tentations continuelles auxquelles le prêtre se trouve en proie? quel effet doit opérer, sur un homme dans l'âge des passions, une jeune et belle pénitente, prosternée à ses genoux; et qui lui raconte, avec le plus grand scrupule, tous ses petits secrets, tous les jolis péchés, que le dieu d'amour lui fait commettre (c)? quels tentateurs, que deux beaux yeux, languissans de contrition, et pieusement fixés sur lui! un sein naissant! une bouche de rose!.... Dites-nous, pieux confesseur! quel est alors le pouvoir du serpent de la chair?....

Qu'y a-t-il encore de plus séduisant et de plus déplacé que, cette coutume des prêtres, de donner aux jeunes filles qui se marient, des instructions secrètes, sur la manière de remplir le devoir conjugal (*d*)?

D'un autre côté, si la confession, les instructions nuptiales, le secret des familles et des consciences, sont autant d'amorces pour les prêtres : ce sont en même-tems autant de moyens, pour corrompre plus aisément; et que la confiance qu'inspire leur caractère, vient encore renforcer. Tout se réunit donc, pour leur faire rompre le vœu de chasteté, et les rendre sacrilèges.

De-là, ce désordre scandaleux des couvens et des presbytères; de-là cet amour infâme, appelé *mistique*; de-là, ces nombreuses victimes de la lubricité des ecclésiastiques de toute espèce, et qui viennent augmenter la misère publique; de-là enfin, ces crimes que je n'ose nommer, et qui font frémir la nature....!

Les ecclésiastiques se sont débauchés au point que, leurs propres confrères leur en ont fait les réprimandes les plus amères: les MAILLARD, les ALTON, les TRITÈME, RUTHIER, MÉNOT, BONIFACE, ST. ADALBERT, ST. GRÉGOIRE, etc. et plusieurs CONCILES, entre autres celui d'ENHAM, les traitent de *libertins*, d'*infâmes*, *damnés*, d'*hypocrites*; leur reprochent en propres termes: de passer *les journées entières dans les plaisirs impudiques*; d'entretenir *à la fois, plusieurs concubines*; de donner *les biens de l'église et du crucifix, aux filles de joie*; d'être plongés dans *la plus scandaleuse débauche*; l'*adultère!* etc. etc.

En un mot, la dissolution des ecclésiastiques devint si générale et si effrénée, qu'il ne fut plus possible d'y porter remède. A *Milan*, par exemple, l'ARCHÉVÊQUE fut forcé de leur permettre, expressément, le *concubinage*. Plusieurs SINODES, en firent autant. Le CONCILE de TOLÈDE leur accorda, à leur choix, une *femme* ou une *maîtresse* En FRANCE, en SUISSE et en

ALLEMAGNE, on fit plus: non-seulement on permit; mais on ordonna absolument à chaque prêtre, de se pourvoir d'une *concubine*.

Que si je compare ces mœurs, avec celles des prêtres *Anglicans*, des *Luthériens* et des *Calvinistes*; qui se marient: je suis contraint d'avouer, que la comparaison est accablante (*e*).

Il est donc vrai de dire avec MONTESQUIEU que, *nos ecclésiastiques fuient une union qui doit les rendre meilleurs, pour vivre dans celle qui les rend toujours pires*. Il est donc vrai que le célibat, qui doit les rendre plus *purs* et plus *saints*; n'en fait au contraire, selon l'expression des SAINTS même, que des *libertins*, et des *hypocrites*.

CHAPITRE XIII.

Célibat des Ecclésiastiques : rapports Physiques.

Envisageons actuellement le célibat

des prêtres, sous un rapport plus immédiat.

Nous avons vu que l'*industrie*, le *commerce*, l'*agriculture*, et la *force des états*; étaient toujours en proportion avec le nombre des citoyens. Or, si la société ne doit sa puissance et sa splendeur, qu'à la *population* : il est évident, qu'*elle est*, pour me servir de l'expression de l'AMI DES HOMMES, *le premier de tous les biens*; et que, ne point se marier, ne pas reproduire : c'est frapper l'état de mort.

Que penser d'après cela, de cette légion d'individus des deux sexes, qui font vœu de vivre dans la stérilité ? ou, comme dit VOLTAIRE, qui *jurent à Dieu, d'être inutiles aux hommes*.

L'on comptait en *France*, selon plusieurs économistes, plus de trois cent mille ecclésiastiques, de toute espèce. Mais que par supposition, nous en ôtions un tiers : voilà donc encore plus de cent mille familles de moins. Quelle perte immense pour l'état (*f*) !.... Que si ces deux cent mille individus, fussent devenus des pères et des mères de famille : quel accroissement de puissance et de richesses nationales !....

Veut-on avoir de ceci, une preuve matérielle? qu'on jette les yeux sur la *Suisse*. Les cantons protestans sont beaucoup plus peuplés, plus commerçans, mieux cultivés, et sur un pied plus respectable, que les cantons catholiques.

CHAPITRE XIV.

Célibat des Ecclésiastiques : rapports Politiques.

Le chapitre X nous à démontré que le célibataire, en général, ne pouvait être ni aussi vertueux, ni aussi bon citoyen que le père de famille. Les raisons que nous en avons données, sont communes aux célibataires ecclésiastiques : ils sont donc sous ce point de vue, comme tous les autres célibataires, nuisibles à l'état.

Mais

Mais, combien leur célibat ne devient-il pas plus dangereux si l'on considère, qu'à la différence des laïcs, qui vivent isolés et sans pouvoir; ils sont aggrégés à une société innombrable, répandue sur le globe entier, dont tous les membres sont animés par le même intérêt, par le même esprit, et dirigés par un seul chef? à une société, dont l'influence est si puissante sur l'esprit public! Ne doit-on pas redouter, qu'une pareille corporation ne veuille tout envahir; et ne sacrifie tout, à son orgueil et à son avantage personnel?

C'est ce que l'expérience a constamment prouvé. Les crimes du clergé sont connus. Il a toujours été fatal, à la fois, aux *Individus*, aux *Nations*, et aux *Souverains*.

L'on sait que, lorsqu'un particulier avait le moindre différend avec quelqu'un de ses membres: tous devenaient ses ennemis, et l'écrasaient. Il éprouvait le destin de ces hommes, dévorés par l'*Arche* ; pour avoir osé la regarder en face. Mais hélas !

L'Arche sainte est muette, et ne rend plus d'oracles(*).

Eh ! que ne l'a-t-elle été plutôt ? les prêtres n'auraient point souillé leurs mains du sang des *Hipathie* (g), des *Labarre*, des *Calas* ; et de tant de victimes innocentes de leur ambition et de leur cruauté !

Oubliera-t-on jamais les cruelles guerres de religion, prêchées et commandées par des monstres, inscrits dans la légende des saints ! les flots de sang répandus par les croisés, dans la *Palestine* ! les *Dragonnades*, les *Vêpres-Siciliennes*, le massacre des *Templiers*, des *Vaudois* et des *Albigeois* (h) ; la *St. Barthelemy* ; le *massacre de douze millions d'Américains*....!!

Dieu de paix, que de sang a coulé sous ton nom (**)!....

Oubliera-t-on la manière hautaine et

(*) RACINE.

(**) *Idem.*

superbes, dont le clergé traitait les *Empereurs* (*i*)? Qu'en *Angleterre* le moine DUSTAN, condamna le roi *Edgar*, à une pénitence de sept ans, avec défense de porter la couronne? Qu'un autre moine, nommé ODON, fit deux fois arracher par force, des bras du roi *Edwy*, une épouse que ce prince adorait; et qu'il eut la cruauté de lui faire couper les jarrets, et de la laisser expirer dans les tourmens! Qu'en *France*, le moine VALA, à la tête de quelques factieux, détrôna *Louis I*? que les ecclésiastiques citaient et faisaient comparaître à leurs pieds les souverains, comme des criminels devant leurs juges? Qu'ils les dépouillaient, les attachaient aux autels, et les fouettaient ignominieusement comme des esclaves? Qu'en *Suède*, les *Archevêques* répandaient despotiquement le sang des rois?.... Enfin, pourra-t-on oublier que les prêtres assassinèrent les *Henri III*, les *Louis XV*; et ce vrai père du peuple *Henri IV*?

En un mot, pendant plus de douze siècles, les ecclésiastiques ont ensanglanté l'*Europe* ; l'*Asie*, l'*Afrique* ; et ils ont porté l'extermination jusques dans l'autre hémisphère (*k*)!...

C'est à cette occasion que BAYLE demande, si JESUS-CHRIST ne pourrait pas dire à l'église romaine, comme ZÉPHORA à MOÏSE : *tu m'es un époux de deuil et de sang !*

Mais quoi ! l'infâme inquisition, ce monstre qui engloutit tant de millions de cadavres ; ce monstre qui n'a épargné ni l'âge, ni la faiblesse, ni le sexe ; et s'est impitoyablement gorgé du sang des vieillards, des insensés, des femmes et des enfans ; ce monstre, vomi par l'enfer, n'existe-t-il pas encore dans plusieurs états, malgré les progrès de la philosophie ! .... Oh ! s'il parvenait de nouveau à exterminer les philosophes, et à ramener le cahos : avec quelle fureur il assouvirait sa vengeance ! avec quelles délices, il nagerait dans le sang (*l*) !....

Je conviens que, tous ces crimes horribles n'appartiennent pas uniquement, au célibat des ecclésiastiques ; mais qui doute que, s'ils eussent eu des épouses et des enfans ; ce qui les eut rendu plus sensibles, plus vertueux, plus humains ; ce qui eut lié leur intérêt à celui de l'état : ils n'eussent aussi été beaucoup moins féroces et moins sanguinaires ? témoin l'église *Grecque ;* l'*Angleterre* et la *Suède*, réformées ; la *Hollande ;* le *Dannemarck ;* la *Prusse ;* et tous les pays où les prêtres ont des femmes.

D'un autre côté le mariage, en les rapprochant des autres hommes, et les confondant en quelque sorte avec eux, diminuerait ce respect stupide du vulgaire, qui confond le ministre avec l'autel ; et conséquemment le prêtre, n'ayant plus la même influence, ne pourrait pas non plus se porter aux mêmes crimes.

C'est à ces puissans motifs, que j'attribue cette loi si profonde de la RUSSIE, qui veut absolument que, *les prêtres séculiers se marient au moins une fois.*

CHAPITRE XV.

Examen de cette question : *Le célibat des ecclésiastiques, a-t-il conttibué au progrès des lumières ?*

Ils sont comme les phantômes : terribles dans les ténèbres, ils s'évanouissent au premier rayon du jour.

OSSIAN.

Beaucoup d'esprits prévenus disent : le célibat a mis les ecclésiastiques à même de s'occuper davantage, et avec plus de fruit, des arts et des sciences ; et c'est eux qui ensuite ont répandu les lumières sur toute la société. Le célibat est donc utile sous ce rapport.

Plut à Dieu ! que l'on n'eût jamais enseigné dans les cloîtres !.... Ces écoles étaient semblables à cette caverne du mont *Parnasse*, dont on ne pouvait approcher sans extravaguer. C'est de-là que sont sorties toutes les erreurs, toutes les superstitions, toutes les sottises qui, jusqu'au XVII siècle, ont couvert l'*Europe* de ténèbres.

Pouvait-il en être autrement ? les prêtres, loin de reconnaître ce dogme de JESUS-CHRIST : *mon royaume n'est point de ce monde ;* loin de se conformer à ces paroles de l'évangile : *nolite thesaurisare vobis thesauros in terrâ* (*) : ont constamment été avides de s'enrichir et de dominer. Ils ont toujours conspiré à renverser les souverains et les trônes, pour se mettre à la place. Or comment, aux yeux d'un peuple éclairé, réussir dans une entreprise aussi manifestement opposée, à l'esprit et à la lettre de l'évangile ? le moyen de ne pas être regardés comme des ambitieux et des fourbes ?

Est-ce à des hommes sensés, que les ecclésiastiques auraient fait accroire que, JESUS-CHRIST envoyait une *lettre du ciel ;* pour menacer les maris qui ne payaient

---

(*) *N'amassez point de trésor sur la terre.*

point la *dîme*, de faire arracher par des serpens aériens, les *tetons* de leurs femmes ? qu'à cause de ce refus, les démons se répandaient dans les champs, et dévoraient les grains dans les épis ? que CHARLES-MARTEL était tourmenté dans l'*enfer inférieur*, par ordre des *saints* ; pour avoir distribué à ses capitaines, les biens usurpés et volés par l'église ? Est-ce envers des hommes instruits, qu'ils pourront se servir du ministère de quelques misérables, tels que la SAINTE FILLE DE KENT (*m*) pour, au nom du ciel, faire tomber à leurs genoux les monarques ; et leur commander de faire, tout ce qui est à l'avantage et au profit du prêtre ? Est-ce à des hommes de bon sens qu'ils persuaderont que, c'est un péché de coucher les premières nuits avec sa femme ; ou, d'épouser une parente ; à moins d'en avoir payé la permission au clergé ? qu'en donnant de l'*or* aux *prêtres*, l'on peut racheter tous les crimes ; même celui d'*assasinat* de son *père* et de sa *mère* (*n*) ! etc. etc.

L'intérêt des ecclésiastiques exigeait conséquemment, que les hommes fussent stupides; et ils ne l'ont que trop bien senti. Ils ont dit : si le peuple reste aveugle, nous régnons; et ils sont nos vils esclaves. Si au contraire il ouvre les yeux, nous sommes anéantis. Réunissons donc tous nos efforts, pour bannir les lumières : enveloppons les hommes d'un nuage si épais, qu'aucun rayon ne perce jamais jusqu'à eux. Tout a été employé pour parvenir à ce but.

Ils ont été les apologistes de l'ignorance. C'est à travers les régions de la crédulité et de la sottise, qu'ils ont tracé la route du paradis. Ils l'ont peuplé d'insensés et d'imbécilles. Tous leurs discours, tous leurs sermons, portaient en substance : *bienheureux les pauvres d'esprit !* tandis cependant, comme dit BACON : *la lumière est le premier ouvrage de la divinité.*

Ils ont proscrit tous les livres qui pouvaient répandre quelque instruction, et en ont défendu la lecture sous les peines les plus graves. C'est ainsi qu'ils ont condamné les ouvrages du plus célèbre philosophe de toute l'antiquité : d'*Aristote* ; et les immortelles productions des *Copernic*, *Descartes*, *Bayle*, *Maupertuis*, *Fontenelle*, *Rousseau*, *Voltaire*, *Helvétius* ; *Diderot*, d'*Alembert*, des *Montesquieu* ; en un mot, de tous les grands hommes qui pouvaient détromper les peuples, et éclairer l'univers.

Que d'intrigues, que d'obstacles, les ecclésiastiques de toute espèce, n'ont-ils pas opposés à l'impression de l'*Encyclopédie* ? Avec quelle fureur ils se sont déchaînés contre ce recueil de tous les arts, de toutes les sciences ; contre ce prodige, ou plutôt, ce monument merveilleux de l'entendement humain ?

Le croirait-on ? les *papes Honorius III*, *Grégoire IX* et *Innocent III*, portèrent l'impolitique et l'impudeur, jusqu'à défendre par des bulles, qu'on enseignât le droit civil !

Faut-il d'après cela s'étonner, que HOBBES s'écrie : *prêtres papistes ! vous êtes une confédération de fripons qui, jaloux de dominer sur les peuples, vous efforcez d'éteindre en eux les lumières de la raison et de l'évangile !*

S'ils se fussent seulement bornés là !...
Mais, pour détruire les lumières jusques dans leur source, ils se sont encore acharnés contre les grands hommes d'où elles partaient. Ils y ont même mis une certaine gradation ; et comme le remarque le célèbre *Hume :* les plus honnêtes et les plus spirituels ont été le plus persécutés. *Omar*, le barbare *Omar*, qui inspire tant d'indignation, n'a du moins brûlé que des livres ; mais eux, mille fois plus cruels et plus féroces : ils ont brûlé les livres et les auteurs. Ils les ont lâchement traînés devant les *inquisitions*, qui les faisaient périr dans les tourmens. Peut-on, sans frémir, se rappeler la condamnation de ce régénérateur de la vraie philosophie, alors âgé de 68 ans : de GALILÉE ! Peut-on, sans des mouvemens d'indignation et d'horreur se rappeler que, THOMAS CONECTE fut brûlé vif à *Rome* ; parce qu'il blâmait la dissolution du clergé ! Que le *concile* de *Constance* fit subir le même sort à JEAN

HUS, et à JÉROME de PRAGUE; pour avoir écrit contre les *croisades*, qui avaient dépeuplé la terre; et contre l'abus des *indulgences*, que l'on trafiquait jusques dans les *cabarets*! peut-on!.... Mais la plume me tombe des mains!....

Ce qu'il y a de plus inconcevable c'est que, même dans ces derniers temps, où la superstition a été entièrement terrassée; les ecclésiastiques ne peuvent néanmoins cacher leur rage impuissante contre les hommes de génie. Les voit-on une seule fois monter en chaire, sans vomir contre eux les injures les plus virulentes; et sans dévouer leur têtes aux plus terribles anathèmes? Ne transforment-ils point les temples, qui ne devraient retentir que de la parole de Dieu; ne les transforment-ils pas en de véritables arènes, où ils attaquent en traîtres, et sans défense; tous les hommes clairvoyans, qui les rappellent à la simplicité, et aux préceptes des *Apôtres*?....

Je finis par une seule réflexion qui naît du sujet : quels supplices, pense-t-on bien, eussent infligé les illustres inquisiteurs, aux écrivains du XVIII siècle, tels que *Voltaire*, *Rousseau*, *Helvétius*, *Diderot*; si leurs poignards n'eussent point été émoussés, à force d'avoir été plongés dans le sang !....

L'on conçoit d'après cela, combien le célibat des ecclésiastiques a été favorable, aux progrès et au perfectionnement de la raison humaine.....

CHAPITRE XVI.

Continuation du même sujet.

Nous avons vu les efforts combinés des ecclésiastiques, pour enchaîner les nations dans les ténèbres. Qu'en est-il résulté? qu'eux-mêmes y ont croupi. Leur ignorance était telle au IX siècle, et jusques vers le XII, qu'un grand nombre ne savait même pas lire.

Quelle idée se fera-t-on de leur instruction, si l'on considère les questions ridicules et absurdes, sérieusement traitées par les théologiens : si les EVÊQUES doivent ou non, porter des *moustaches* ? S'il est canonique ou non, de porter des *perruques de poil de chèvre*, au lieu de *calotes* ? de petits *capuchons pointus*, au lieu de *grands capuchons* ? Si l'ANON détaché par les apôtres, est la figure de la *virginité* ? S'il y a de la *musique*, des *bains* et des *mascarades*, en *paradis* ? Si DIEU est *habillé* ou *nud* dans l'*hostie* ? S'il porte un *habit* de *telle* ou *telle couleur* ? S'il peut prendre la nature de la *citrouille*, du *diable* ? *Utrum* VIRGO MARIA *semen emiserit in copulatione cum* SPIRITU SANCTO (*)!

Quelle idée ! si l'on considère les interminables et sottes disputes, entre les JANSÉNISTES et les MOLINISTES, sur le *pouvoir prochain*, la *grâce actuelle* ?.... Si l'on considère que, dans le XVII siècle, l'INQUISITION fulmina des anathêmes

---

(*) *La pudeur ne me permet point de traduire cette phrase.*

contre le sistême de COPERNIC; parce qu'il donnait un *mouvement* à la *terre*? Que le pape ZACHARIE excommunia VIRGILE, pour avoir cru aux *antipodes*? Que la docte SORBONNE condamna dans HELVETIUS, cette grande découverte de LOCKE: *nos idées nous viennent par les sens*; et dans MARMONTEL, cette sentence hérétique: l'*on n'éclaire pas les esprits avec la flamme des buchers*? .... (*o*).

Il me semble qu'en voilà suffisamment, pour justifier ST. GRÉGOIRE, d'avoir traité les ecclésiastiques d'*ignorans*, d'*oisons*; etc. et pour prouver que, loin que leur célibat ait été utile sous le rapport des arts et des sciences: les sciences n'ont jamais eu de plus grands ennemis, de plus cruels persécuteurs, ni de disciples plus ineptes, que les prêtres (*p*).

CHAPITRE XVII.

Conclusion.

Nous avons démontré que le CELIBAT, en général, était nuisible à la fois, aux *Individus*, aux *Mœurs*, aux *Familles* et à *l'Etat*.

Nous avons démontré aussi, qu'indépendamment de ces graves inconvéniens, le CÉLIBAT des ECCLÉSIASTIQUES était encore *impolitique*, et funeste aux *Nations* et *Souverains*.

Puisque le célibat est contraire au bien de la société : il faut le proscrire ; et, puisque les individus n'y trouvent point le bonheur : il faut le chercher dans le Mariage.

Fin du premier Livre.

NOTES.

(*a*) Ceux qui connaissent la politique et l'ambition de la cour de ROME, savent que, ce n'est point par des motifs de *pureté* ni de *religion*, que les Papes s'opposaient au mariage des ecclésiastiques; mais par la raison seule, qu'en les tenant dans le célibat; c'est-à-dire, isolés de tout intérêt de famille, et de tout intérêt social; ils voulaient par ce moyen exercer sur eux, et conséquemment aussi sur les peuples, un empire plus étendu et plus despotique. Ce qui prouve évidemment cette opinion, c'est que, tous les pontifes, même les plus débauchés et les plus coupables; tels qu'un *Jules II*, un *Clément VIII*, un *Nicolas I*, un *Grégoire VII*, ont également condamné le mariage.

(*b*) Les *St. Spiridion*, *St. Nisse*, *St. Hilaire*, etc. etc., de même que tous les *Apôtres*, excepté *St. Jean*, vivaient dans l'état du mariage.

(*c*) C'est souvent là que, par des questions indiscrètes, les jeunes personnes des deux sexes reçoivent les premières leçons de libertinage. Au sortir du confessionnal, l'esprit travaille, et pour éclaircir ses doutes, l'on s'adresse à un camarade, ou à une amie, qui en apprend beaucoup plus qu'il n'en fallait savoir. Combien d'individus pourront, ainsi que moi, attester le fait par une expérience personnelle? *Les confesseurs*, *dit* VOLTAIRE, *apprennent quel-*

quefois plus de sottises aux filles, que tous les garçons d'un village ne pourraient leur en faire.

(*d*) En *Turquie*, ce sont des *matrônes*, que l'on charge de ce soin. Faut-il que des barbares, donnent des leçons de morale, aux peuples policés ?.... Si dans les pays catholiques, les prêtres veulent donner aux jeunes épouses, les premières leçons d'amour : aux royaumes de *Cochin* et de *Calicut*, ils font accroire au roi et au peuple, qu'ils doivent leur en faire goûter les premiers plaisirs. L'un mène l'autre.

Il fut même un tems où parmi nous, les prêtres, en qualité de seigneurs usaient, aussi bien que les laïcs, du droit de *jambage* ; et couchaient la première nuit, avec toutes les nouvelle mariées.

(*e*) Sans ces vœux absurdes, l'église romaine n'aurait pas eu non plus à rougir, de la dissolution de ses pontifes qui, à l'exemple d'un *Alexandre VI*, plus dévergondé qu'un *Sardanapale* ; avouaient publiquement leurs enfans et leurs maîtresses. Elle n'eut point vu revêtir de la tiare, par des filles de joie, telles que les deux *Théodora* et les *Marosie* : un *Jean X*, un *Sergius III*, les infâmes compagnons de leurs débauches. Elle n'eut point vu sur le siège pontifical, un *Jean XI*, bâtard adultérin de ce même *Sergius*, etc. etc. En un mot, les vicaires de *Jésus-Christ* n'eussent pas été pendant des siècles, un sujet de scandale pour le monde entier ! En vérité, lorsqu'ensuite je vois un *Charles VIII*, baiser les pieds de cet ALEXANDRE ; de ce pape, digne héros de *Machiavel*, qui se faisait un jeu de tromper, d'*empoisonner*, d'*assassiner*; et se glorifiait de son abominable libertinage : quand je vois un souverain, s'arrêter au milieu de ses triomphes, pour baiser respectueusement l'ergot de ce monstre, et le servir à la messe !... *O miseras* !....

(*f*) Le logement, la nourriture, le chauffage, le vêtement ; en un mot, l'entretien de ces deux cent mille ecclésiastiques, *Evêques*, *Curés*, *Chanoines*, etc. modérément évalué l'un portant l'autre, à trois francs, monterait encore à 600,000 francs par jour ; et à 219,000,000 par an. *Quelle flotte !* s'écrie HELVÉTIUS, *et quelle armée, ne soudoierait-on pas avec cette somme?*

C'est cependant le peuple qui la payait en *fonds de terre*, en *dîmes*, en *messes*, *offrandes*, *quêtes*, *baptêmes*, *dispenses mariages*, *enterremens*, *services*, *etc.* Que dis-je? l'AUTEUR DE L'ESPRIT DES LOIX prétend que, dans les trois races, l'on a donné *au clergé*, *plusieurs fois*, *tous les biens du royaume*. Il ne faut donc plus s'étonner de la misère publique, ni de l'accroissement de la dette nationale.....

Or, plus le peuple est misérable, moins il y a de mariages, et moins aussi d'enfans. Il résulte donc que le clergé de *France*, comme tout clergé *catholique*, a doublement nui à la *population* : 1°. parce qu'il ne produisait pas ; et 2°. parce qu'en dévorant la substance du peuple, et le plongeant dans la misère; il l'empêchait de reproduire.

(*g*) *St. Cirille* lui-même, contribua au martyre

de cette femme, aussi célèbre par sa beauté, que par les charmes de son esprit, et sa rare vertu; mais qui était *payenne*.

(*h*) Au massacre des *Albigéois* et des *Vaudois*; les catholiques coupaient aux femmes les mamelles; leur arrachaient, toutes vivantes, les ongles, la cervelle, le cœur, et les autres parties du corps. Ils leur ouvraient avec des cailloux, le ventre jusq'au nombril. Ils mettaient le feu aux parties honteuses, les leur brisaient, et y faisaient entrer des charbons ardens. Hommes et femmes étaient hachés en mille pièces: d'autres, rotis ou écorchés tout vifs. Les jeunes filles étoient empalées, également toutes vivantes, par les parties de la génération; et portées ainsi en guise d'étendards....!!

(*i*) L'Impératrice EUSÈBIE, ayant employé tous les moyens qu'elle crut capables à déterminer l'Evêque LÉONCE à la venir voir : cet Evêque fit répondre, qu'il n'irait chez l'Impératrice *qu'à condition que, lorsqu'il entrerait, elle se leverait aussitôt pour venir au devant de lui*; qu'*elle s'inclinerait profondément, pour recevoir sa bénédiction*; et, *lors qu'il seroit assis, elle se tiendrait de bout, dans une contenance modeste, jusqu'à ce qu'il lui fit signe de s'asseoir.*

(*k*) Si telle a été la conduite des Evêques et des Moines, que l'on pense ce qu'ont fait les *Conciles* et les *Papes*..... Na-t-on pas vu ces humbles successeurs de St. *Pierre*, non contens d'exclure du trône et de déposer les souverains: (par exemple SIXTE V et BONIFACE VIII); non contens d'assassiner, d'égorger les peuples, les rois et des *Sénats* entiers; (entre autres celui de *Suède*, en vertu d'une bulle de LÉON X): prendre encore le titre de *vice-dieu*? se dire *autant au dessus des rois, que l'or pur est au-dessus du plomb vil*? délier les princes et les peuples de leurs sermens? disposer en maîtres de l'univers, des couronnes des quatre parties du monde? *se comparer au soleil!....* ils se seraient bientôt fait, selon les paroles de POPE, les *Dieux de Dieu même!*

(*l*) L'on a trouvé dans les papiers des *Jésuites* le projet, d'établir une *inquisition* en *France*; preuve que, si la sainte boucherie n'est plus aussi active, ce n'est pas manque de bonne volonté, mais uniquement *impuissance*. Ils pensaient apparemment être plus heureux que le pape *Grégoire IX*, d'exécrable mémoire. C'est bien le cas de dire avec un homme célèbre : *sans les philosophes, nous aurions deux ou trois St. Barthelemy de siècle en siècle.*

(*m*) Cette femme impudente, payée par les ecclésiastiques pour faire la *Sainte*, et leur servir d'*oracles*; ayant été arrêtée, avoua elle-même son crime. Tous ses complices furent convaincus.

(*n*) Au XIV siècle, au XV, et encore vers le milieu du XVI, il n'en coutait pour l'absolution en pareil cas, que *cinq carlins;* tandis qu'il en coûtait *six*, pour défloration d'une vierge, et *sept*, pour avoir révélé la confession d'un autre. Ainsi, au jugement de l'église : de coucher avec une fille, ou de rapporter quelques babioles : c'était un plus grand crime que de *tuer père* et *mère*!....

(*o*) On rirait de toutes ces folies, si elles n'avaient

que le ridicule : peu importe que des prêtres disputent sur le *logos*, et se battent dans les conciles pour des *moustaches* ; peu importe que de graves SORBONNISTES se distribuent des soufflets, pour la *grace suffisante* ; et qu'au XIX siècle, de profonds théologiens croient encore aux revenans et aux sorciers ; mais quand l'on réfléchit que, ces niaiseries occasionnèrent de nombreux assassinats, des guerres sanglantes ; qu'en 1318, QUATRE FRÈRES SPIRITUELS furent condamnés par l'INQUISITION, et brûlés à *Marseille*, comme *hérétiques*, parce qu'ils tenaient pour les *capuchons pointus* ; qu'en 1431, JEANE-d'ARC fut également, en qualité de *sorcière*, condamnée au feu, par un tribunal composé d'Abbés, de Moines, d'un Évêque, d'un vicaire de l'Inquisition, et de neuf docteurs de Sorbonne ; qu'en 1617, la MARECHALE d'ANCRE eut la tête tranchée pour le même crime ; qu'en 1634, URBAIN GRANDIDIER, fut brûlé vif, pour avoir *ensorcelé* les religieuses *Ursulines* de *Loudun*. Enfin, quand l'on se rappelle les supplices affreux infligés pendant des siècles, aux hommes de bon sens, dont la raison se refusait à toutes ces extravagances : en vérité, l'on a honte et gémit d'être né homme !...

(*p*) Sans-doute, le clergé a fourni quelques sujets distingués ; mais comment eut-il pu se faire, que les gens d'église fussent précisément les seuls, qui ne profitassent point des lumières des philosophes ? il est visible que, cette objection laisse nos principes dans toute leur force.

Fin des Notes.

LIVRE II.

DU MARIAGE.

I. SECTION.

Qualités nécessaires pour constituer un Mariage heureux.

CHAPITRE I.

Objections générales contre le Mariage: Leur réfutation.

Comment se marier, dans un tems de corruption universelle !.... Les femmes ont renoncé à la pudeur, et à toutes les les vertus. Elles affichent publiquement le libertinage : être fidèle, c'est faiblesse; avoir un *confident*, un *ami*; c'est être du bon ton : comme tout le monde. Et, si quelqu'une se faisait scrupule de suivre la direction générale, elle serait signalée au coin du ridicule et de la sottise. En un mot, au sein de la société, l'on vit comme dans l'état de nature; et l'on serait tenté de comparer avec FONTENELLE, la *fidélité conjugale* au *grand-œuvre.* — Les filles marchent sur les traces de leurs mères : elles sont perdues avant d'être nubiles. Et, s'il était possible, on violerait les enfans au berceau.

Cependant, il faut être juste des deux côtés; et l'on peut avec raison, appliquer à l'un comme à l'autre sexe, ce vers de CORNEILLE :

Ni l'hymen ni la foi, n'obligent plus les hommes.

Ne vaut-il pas infiniment mieux, suivre les conseils d'*Epicure*, de *Juvenal*, de *Gassendi*; et comme *Fontenelle* et le sage *Thalès*, rester libre : que de contracter des liens, qui entraînent avec eux l'infamie et le malheur ?

Hélas ! à la vérité, trop souvent le mariage amène ces cruels résultats; et si, lors même que les mœurs règnent avec le plus d'empire, il faut pourtant, à cause de son influence sur la vie entière, ne s'y engager qu'avec beaucoup de précautions : je conviens que l'on peut bien trembler, quand on songe à s'engager, dans le moment de la plus grande corruption.

Néanmoins, il est encore de dignes épouses, qui ont résisté au torrent; et des maris sages, qui ont su les apprécier et se conserver purs. Ce qu'il y a surtout de consolant c'est, qu'il existe de respectables mères de familles qui, par leurs préceptes; et par une puissance bien plus forte : l'*exemple ;* savent garantir leurs enfans de cette peste mortelle. Leurs maisons sont des *arches saintes* où, dans ces tems de perversité, la vertu se réfugie comme dans son sanctuaire, et échappe à la submersion universelle. O mères respectables! rececez ici tous mes hommages! vos principes, votre conduite, vous font plus que femmes : par eux, vous devenez l'IMAGE DE LA DIVINITÉ.

C'est-là, hommes qui aimez la vertu! c'est dans ces asiles sacrés, que vous trouverez des épouses, qui vous feront goûter dans toutes ses délices, le vrai bonheur. Vous l'apprécierez d'autant mieux, qu'il n'y aura que désordre et débauche autour de vous.

Mais, n'y aurait-il aucun retour au bien? et ne peut-on espérer que, quelques *Julies*, pourront devenir des *M.me de Volmar?* J'en sens toute la difficulté; cependant, puisque nous en voyons des exemples, ce changement n'est point impossible. Il serait bien malheureux que, fragiles comme nous sommes, quelques faiblesses nous perdissent pour toujours. J'observerai malgré cela que, la pente au vice étant extrêmement rapide, et *le sentier de la vertu*, comme dit HÉSIODE, *entouré de travaux et de sueurs*: j'observerai que, pour opérer un pareil changement, il faut un tel concours de circonstances heureuses, qu'il est mille fois plus prudent et plus sage, d'épouser une *M.me de Volmar*, qu'une *Julie*.

Faut-il enfin, dans la crainte d'un mal incertain, se jetter dans un mal infaillible? Faut-il, pour ne point s'exposer à un mauvais choix, prendre le parti de rester seul, isolé sur la terre; et d'être toujours malheureux? Ce n'est ni le conseil de la raison, ni le parti du cœur; et c'est manquer à la première loi de la nature et de la société.

CHAPITRE II.

Mariages par Intérêt.

Veniunt a dote sagittæ (*).

JUVENAL.

L'intérêt est le plus puissant monarque de la terre. Dans quelle conjoncture cette sentence d'un grand homme, pourrait-elle être mieux justifiée si ce n'est, lorsque l'amour des richesses nous aveugle au

---

(*) *Le trait qui enflamme leurs cœurs : c'est la dot.*

point, qu'il est presque l'unique mobile qui nous décide ; quand il s'agit cependant d'un établissement, d'où dépend le bonheur ou le malheur de toute la vie?

Est-elle riche? Combien a-t-elle? voilà les premières questions ; et qui servent de base à la solution de toutes les autres.

Si elle l'est : toutes les informations sont prises ; tous les obstacles, toutes les taches, même les plus ignobles, disparaissent. L'on se hâte de conclure ; et le marché est signé.

N'a-t-elle point de fortune? Oh, qu'alors il se fait une étrange métamorphose!.... Les informations cessent aussi ; mais, il n'y faut plus penser. Les qualités les plus estimables et les plus sublimes, n'ont aucune valeur. Ces pauvres gens ne savent guères, pour me servir de l'expression de CONDILLAC que, *le bonheur n'est point une denrée qui s'achète à prix d'argent.*

Il faut convenir toutefois qu'en général, la voix de l'intérêt est faiblement entendue des jeunes gens ; et que, si on les laissait libres de choisir, elle n'entrerait que pour bien peu, et souvent pas du tout en balance. La raison en est simple : c'est qu'ils sont encore à certains égards, les enfans de la nature, et suivent son impulsion : c'est que les leçons, l'exemple de leurs pères, et les institutions sociales, n'ont encore pu entièrement détruire l'impression du maître. Malheureusement, tout se détruit à la longue; et les habitudes, les sentimens les plus naturels, sont remplacés par des sentimens factices et faux. C'est ainsi qu'à la fin, le cœur des jeunes gens se déprave, comme celui de leurs pères ; qu'à leur imitation, ils ne voient plus le bonheur, que dans les objets de convention ; et disent comme dans Médée (*) :

J'accommode ma flammé, au bién de mes affaires.

Mais, dit-on, nous éprouvons des besoins; et pour les satisfaire, il faut de la fortune..... Ceci demande quelques développemens.

(*) *Corneille.*

CHAPITRE III

Si les richesses sont nécessaires au bonheur.

On peut ranger les besoins en deux classes : les uns appelés *naturels*, ou *physiques;* parce qu'ils viennent de la nature, et sont une suite de notre organisation. Les autres, *factices;* parce qu'ils viennent de la fantaisie. Ceux-là, sont communs à tous les animaux : ceux-ci, ne sont connus que de l'homme.

Peu de chose, dit EPICURE, *suffit à nos besoins véritables. Le sage trouve ses commodités dans un bâtiment simple: une étoffe commune, le garantit des injures de l'air: les mets les moins rares* (1), *appaisent également sa faim.* Or la nature, cette

(1) Si le pauvre n'a point sur sa table, comme le riche, des mets recherchés et délicats : il a en compensation l'appétit et la santé; sans lesquels les mets les plus exquis répugnent et dégoûtent. Il n'a pas non plus, comme lui, l'avantage de creuser chèrement son tombeau.

mère tendre et prévoyante, veille au bien de tous ses enfans : si elle leur donne des besoins, elle les organise aussi de manière, à pouvoir les satisfaire tous et au-delà; ou, pour me servir des paroles de ROUSSEAU : *Dans tout pays, les bras d'un homme valent plus que sa subsistance.*

Jusqu'ici, nous pouvons donc nous passer de fortune; puisque nos *besoins réels* sont très-bornés; et que notre industrie, comme un fonds inépuisable, y fournit abondamment.

Il n'en est pas de même des *besoins factices* : ne venant pas de la nature, mais uniquement de nos habitudes, de nos caprices; ils sont aussi variés et aussi étendus, que nos caprices peuvent l'être eux-mêmes; et pour les contenter, on épuiserait en vain tous les trésors. Au contraire, plus la fortune nous met à même de flatter nos fantaisies, plus nous en créons à proportion de nouvelles; conséquemment nos privations et nos regrets augmentent; et, comme dit YOUNG, *l'or ne fait qu'affamer.*

D'un autre côté, nos soins et nos inquiétudes, sont toujours en raison de nos richesses :

Crescentem sequitur cura pecuniam (*).

Cependant, le bonheur ne consiste que dans la tranquillité, la satisfaction de l'âme; et dans la proportion de nos facultés avec nos désirs : d'où je conclus avec HORACE et RICHARDSON, qu'il n'y a de vraiment heureux que ceux, à qui une précieuse *médiocrité*, ne permet de connaître que les besoins physiques, et peu de factices; donc aussi une grande fortune, loin d'être nécessaire au bonheur, est une barrière qui nous en sépare pour jamais.

Ce n'est point sur la tombe de CRÉSUS, mais sur celle de BAUCIE, dit HELVETIUS, qu'on grava cette épitaphe :

Sa mort fut le soir d'un beau jour.

(*) *Horace.*

CHAPITRE IV.

Autres considérations sur la Fortune.

Cependant, à quelles jouissances nous fait renoncer la soif des richesses? que de qualités nous leur sacrifions! *amabilité*, *esprit*, *talens*, *vertu:* tout cela n'est rien au prix de l'*or*..... Ainsi, l'homme sacrifie aveuglément, à l'instrument de sa misère, le plus grand bonheur auquel il puisse jamais prétendre.

Une pareille conduite est d'autant plus extravagante, qu'à chaque moment, la fortune peut nous échapper. Elle est moins à nous, qu'aux circonstances, et à tout ce qui nous environne. Une banqueroute, un coup de foudre, un voleur, peuvent dans un instant, faire de l'homme le plus fortuné, l'homme le plus pauvre. Qu'est-ce donc qu'un bien aussi précaire, et qui dépend du premier larron? et quel dédommagement me restera, si mon épouse n'a d'autre mérite que sa dot?

D'ailleurs, quand l'on n'a en vue que l'intérêt, le cœur ne se donne pas, mais se vend; et de part et d'autre, on le croit toujours dispensé d'acquitter, ce que l'on a payé à prix d'argent.

Quelle différence ! si l'on agissait autrement; et que l'homme riche, épousât une femme disgraciée de la fortune? quels sentimens de reconnaissance et d'amour, exciterait dans le cœur d'une fille pauvre, celui qui irait la chercher dans l'asile de la médiocrité, pour partager avec elle son aisance? combien tous ces sentimens tourneraient au profit de la félicité commune!

Paradoxe ! folie ! s'écrieront ces hommes vils et intéressés, ces êtres méprisables, qui n'ont même aucune idée du vrai bonheur. Ce serait vainement qu'on leur opposerait l'exemple d'un *Buffon* , et de tant d'autres, qui l'ont trouvé de cette manière; et pour qui le mariage a été un *paradis terrestre*. Insensé ! jouis donc de ton métal, de ta boue ! sacrifie tout; immole toi toi-même à ton idole !.... Mais, quand l'airain sonnera ta dernière heure et qu'il faudra partir : à quoi te servira, d'avoir entassé beaucoup d'*or!* pourra-t-il seulement prolonger ton existence, d'une seule minutte? Tu ne vois pas que c'est lui, qui te rend déjà actuellement misérable; et qu'il ne fera que rendre ton départ plus douloureux!....

CHAPITRE V.

Mariages par Caprice.

Si les pères ne regardent qu'à l'*intérêt* : les jeunes gens ne se décident, d'ordinaire, que par *caprice* : une belle voix; un joli pied; de bien toucher d'un instrument; ou, danser avec graces; suffisent pour les captiver, leur ôter la raison, et les faire passer sur tout le reste.

Tel est l'effet des passions. Pareils alors à ce roi ambitieux, dont parle *Helvetius*, et qui n'apperçoit que la victoire, les fers dont il va charger ses ennemis, la gloire dont il va s'illustrer; nous ne remarquons également que le beau côté du tableau : il absorbe toute notre attention, il nous enthousiasme, et nous empêche d'en voir les défauts cent fois plus nombreux.

Non seulement, *continue* HELVÉTIUS, *les passions ne nous laissent considérer que certaines faces des objets qu'elles nous présentent: mais elles nous trompent encore, en nous montrant souvent ces mêmes objets, où ils n'existent pas.*

Hélas! que deviendraient les hommes si, tous les mariages qu'ils projettent, pouvaient se faire sur-le-champ? à quels malheurs ils seraient en proie, si ces délais qui les impatientent tant, ne venaient à leur secours!.... Un exemple prouvera mieux, que tout ce que je pourrais dire, quel est le pouvoir de la fantaisie.

Un jeune homme est introduit dans une société, où il voit pour la première fois, une D[lle]. à peu-près de son âge. Elle chante!.... La lyre d'*Orphée* n'a pas produit des effets plus prompts et plus merveilleux, que la voix de *Mélanie*, sur le cœur de *Frédéric*. L'entendre, et en devenir passionnément épris : c'est l'affaire d'un instant. Il passe la nuit dans les transports; et le lendemain, la demande en mariage.

Comme ce jeune homme est de bonne famille, et très-connu; *Mélanie* et ses parens lui donnent leur consentement conditionnel. *Frédéric*, ivre de joie, écrit à son père : dépeint sa maîtresse comme le phénix des femmes; et le conjure, au nom de son bonheur et de sa vie, de souscrire à cette union.

Dans ce cruel intervalle, nos amans ne rêvent que jouissances célestes, félicité suprême! et le passionné *Frédéric* ne changerait point de sort, avec tous les dieux de l'*Olympe*. Cependant, le moindre soupçon, le moindre geste de sa bien-aimée, qui lui paraît équivoque; sont pour lui autant de déchiremens et de coups de poignard. Des nuits entières sont ainsi partagées, entre les illusions les plus délicieuses, et les idées les plus lugubres. En un mot, son existence n'est plus, selon que l'espoir le flatte ou l'abandonne, qu'une suite de rêves, alternativement enchanteurs ou foudroyans.

Un soir entre autres, qu'il croyait avoir remarqué de la froideur dans les manières de *Mélanie*, il accourt furieux, chez la personne qui présidait à ce mariage : il accuse tout le monde ; il se lamente, crie, se frappe ; enfin, après avoir été quelque tems dans la plus terrible agitation, il tombe dans le plus morne désespoir ; dont il ne se réveille, que pour s'échapper, et se donner la mort. On eut toutes les peines imaginables à le retenir, et l'on fut obligé de l'enchaîner.

Qu'arrive-t-il? cet amour porté au plus violent fanatisme, s'éteignit aussi vîte qu'il avait pris ; et l'homme qui, tout à l'heure, dans la crainte de ne pas obtenir sa *divine maîtresse*, voulait se détruire ; se détruirait maintenant mille fois, plutôt que de l'épouser.

Quel eut cependant été le destin de ces jeunes foux : si le père avait consenti, et que ce mariage eut eu lieu ? et combien s'en fait-il de cette manière ? combien d'époux, le lendemain de leurs noces, quand la possession a rétabli le calme de la raison, donneraient tout au monde, pour être encore maîtres de la veille ?....

CHAPITRE VI.

Continuation du même sujet.

Nous venons de voir, à quel point le *caprice* nous domine et nous égare. Cette vérité devient encore plus frappante, selon les circonstances, et la situation de notre âme.

C'est ainsi qu'un autre jeune homme, également de bonne famille, trahi par sa maîtresse, qui était ce qu'on appelle du *bon ton* ; se passionna pour une petite paysanne, et voulut à toute force l'épouser.

En vain, ses parens et ses amis représentaient à *Jules*, que l'objet de son amour était indigne de lui : que *Lise* n'avait ni esprit, ni agrément, ni le moindre mérite : il s'obstinait toujours, à lui trouver une *candeur angélique*, des *charmes admirables*, toutes les qualités les plus rares et les plus précieuses. Pour tout dire en deux paroles, la *Dulcinée du Toboso*, ne faisait pas plus extravaguer le chevalier *Dom Quichotte de la Manche;* que cette maussade et sotte villageoise ne faisait extravaguer cet amant, trompé par une femme du *bel air*. Tant il est vrai, qu'une fois prévenus et aveuglés, notre imagination nous montre mille perfections mensongères, qui n'existent nulle part que dans notre cerveau.

Cependant, *Jules* n'avait pas l'âge requis, pour se marier sans le consentement de la famille; et ce fut encore le bonheur de tous deux : car quelques mois après, il reconnut parfaitement sa folie; et ne put même concevoir, comment il était possible, que les passions trompassent à ce point,

En quelle circonstance pourrait-on à plus justes titre, s'écrier avec d'ALEMBERT : *quelle pauvre espèce que le genre humain!....*

Si le caprice est si puissant et si aveugle, il est parconséquent bien dangereux; et si alors nous sommes livrés à nous-mêmes, nous ferons de grandes sottises. Nous avons donc besoin de lumières et de conseils. C'est le sujet du chapitre suivant.

CHAPITRE VII.

Du Consentement des Pères.

Il semble que la nature n'accorde si tard des enfans aux pères que, parce qu'elle veut qu'ils en soient les soutiens, les guides; et que plutôt, ils n'auraient ni asssez de raison, ni assez de force, pour remplir ces vues.

Mais le but de la nature devient évident, si l'on considère cet amour surnaturel, imprimé dans le cœur du père; et qui lui rend le bonheur de son enfant, aussi cher que le sien propre. C'est ainsi que notre mère commune, donne à toutes ses créatures, un protecteur nécessaire, dans ceux dont ils reçoivent le jour.

Comment donc se fait-il, que cet ordre soit renversé; et que celui qui doit soutenir et protéger, devienne par l'effet, ennemi et persécuteur? Essayons, pous ne point tomber dans les mêmes erreurs, de ramener les choses à leur principe.

Trois objets sont essentiellement nécessaires, pour constituer un mariage heureux : la *sympathie*, la *moralité*, et les *moyens d'existence*. Ils doivent donc fixer toute notre attention.

Quant au premier, personne ne peut mieux en connaître, que celui qui est directement intéressé : en fait de sentimens, il n'y a que notre propre cœur qui nous puisse bien instruire. D'ailleurs, le cœur est volontaire : il ne suit que sa propre loi; et tout l'univers tenterait en vain d'inspirer de l'amour, pour la plus belle et la plus accomplie des femmes; ou, pour le plus parfait de tous les hommes : si une voix intime ne s'élevait elle-même en leur faveur. *Personne*, dit QUINTILIEN, *ne peut aimer par l'âme d'autrui*. Il est donc incontestable que, relativement à la *sympathie*, les jeunes gens doivent être seuls juges.

Mais, l'amour est un enfant capricieux,

ir conséquent, qu'avec raison l'on représente un bandeau sur les yeux. Un jeune homme subjugué par ce tyran, ne s'inquiète d'aucune autre convenance. Et, comment serait-il arrêté par des considérations d'*intérêt*, lui, qui s'imagine, que l'amour tient absolument lieu de tout? lui, qui sacrifierait tout au monde, son existence même; à l'unique objet de ses vœux!

Cependant, lorsque de certains besoins sont devenus, ce qu'on appelle une *seconde nature;* nous ne trouvons plus le bonheur, sans la satisfaction de ces mêmes besoins; et ceux qui en se mariant, n'y ont aucun égard, s'exposent à devenir malheureux.

D'un autre côté, si l'amour nous trompe sur les rapports de *fortune :* par la même raison, il nous trompe aussi sur les rapports *moraux;* et jamais un cœur épris, n'a jugé sainement, des convenances de *probité* et d'*honneur*.

Que dis-je? à peine un jeune homme, exempt de toute passion, et dont l'âme serait calme et impartiale, pourrait-il en décider. En effet, dans l'état de société, où les goûts factices sont si multipliés, et où les intérêts se croisent en tant de sens contraires; les hommes ont substitué au langage de la nature, celui de l'artifice; au langage de la vérité, celui du mensonge. Leurs traits, leurs yeux, ne sont plus l'interprète du cœur; leur bouche, celui de l'âme; mais bien, des instrumens dont ils se servent, à leur gré, pour feindre des sentimens qu'ils n'ont pas, et cacher ceux qu'ils éprouvent. En un mot, c'est peut-être plus que jamais le cas de dire, avec LE TASSE : *le cœur humain est un abîme.*

Oh ! si l'on pouvait comparer les discours des hommes, avec ce qui se passe au fond de leur âme : si l'on pouvait suivre l'idée de MOMUS, et pratiquer à leur poitrine, une *petite lucarne :* combien de fois l'on serait frappé du tableau de la plus sublime vertu, masquant l'hipocrisie la plus criminelle !

Il faut donc bien connaître les hommes, et avoir acquis une grande expérience ;

pour démêler dans leur langage, le vrai d'avec le faux, et ne point être dupe des apparences.

Il résulte de toutes ces observations que, si l'on abandonne les jeunes gens à eux-mêmes ; ils n'auront égard qu'à l'*amour* seul, et ils seront infailliblement victimes, sous les deux autres rapports. Le secours du père est donc ici non seulement nécessaire : il devient encore un devoir indispensable et sacré. Son expérience doit suppléer à celle de l'enfant, et veiller à son bien-être. Il doit d'abord, pour lui faire appercevoir le précipice où il est prêt à se jetter, employer tous les moyens que lui suggèrent sa tendresse et sa raison ; mais, s'il les a épuisés sans réussir : alors seulement, mais alors, il doit faire valoir toute l'autorité que lui donne la loi ; pour l'arracher au malheur.

Ce n'est pas à dire pour cela, qu'il puisse exercer une autorité arbitraire : ce ne serait point là, exécuter les ordres du maître : ce serait au contraire, manifestement y désobéir. La nature veut *le bon-*

heur de tous : l'autorité du père, pour être légitime, doit donc tendre à ce but. Ainsi, la seule chose qu'il ait à examiner c'est, si le parti qui se présente, est honnête; et s'il a les facultés nécessaires, pour procurer à sa fille, l'aisance à laquelle elle est habituée. Le plus ou le moins, ne sont pas des motifs suffisans pour rejetter; et tout père qui, sans avoir égard à l'*honnêteté*, ni à la *sympathie*, ne refuserait que, dans l'espoir de trouver un peu plus d'*or* : ce père se rend criminel, et n'est qu'un vil tyran !

Avant de terminer ce chapitre, j'observerai que, je ne conçois pas comment l'illustre AUTEUR DE L'ESPRIT DES LOIX, a pu fonder le consentement des pères, entre autres *sur leur puissance* ; c'est-à-dire, selon lui, *sur leur droit de propriété ?* La propriété suppose le pouvoir de disposer arbitrairement, etc. etc. que l'on juge des conséquences !....

D'ailleurs, si les enfans pouvaient être une *propriété* : ils appartiendraient plus à la patrie, qu'au père, qui n'en est en quelque sorte que le gardien. C'étaient les principes de *Licurgue*, de *Platon;* et par suite desquels les magistrats de leurs républiques, réglaient eux mêmes les mariages, et en fixaient le nombre. Ce sont les principes de tous les gouvernemens possibles, qui disposent des enfans, et même des pères, lorsque le salut public l'exige.

Ainsi, prétendre que le consentement du père est fondé, *sur son droit de propriété :* c'est avancer un principe, faux et cruel.

Pour me résumer : les parens ne doivent connaître que des convenances de *probité* et d'*intérêt*; de telle manière néanmoins, que l'intérêt ne dégénère pas en avarice; et quant à la *sympathie :* ils ne doivent consulter que le cœur de l'enfant.

Je termine, par un trait consigné dans PLUTARQUE. Deux jeunes gens, raconte cet historien, ayant demandé à THÉMISTOCLE, sa fille en mariage : ce célèbre *Athénien* refusa le riche, et la donna pauvre, en disant : *j'aime mieux un homme sans argent, que de l'argent sans homme.*

CHAPITRE VIII.

Du rapport d'Age.

Chaque âge a ses plaisirs, son esprit et ses mœurs (*).

Souvent même les rapports sont totalement opposés. Or il est naturel, d'éviter ceux dont les goûts ne s'accordent point avec les nôtres. En effet, supposons ensemble deux individus dans ce cas : il arrivera ou, qu'ils voudront se livrer chacun, à ses penchans particuliers ; ou bien, l'un sacrifiera les siens à ceux de l'autre. Dans la première hipothèse, ils éprouveront tous deux le même ennui ; et dans la seconde, celui qui se fera violence, éprouvera un ennui encore plus grand. Il leur sera donc véritablement aussi naturel, de fuir mutuellement leur société ; qu'il est naturel et nécessaire à l'homme, de rechercher le plaisir, et de fuir la douleur.

Eh bien ! si même la société de ceux,

(*) *Boileau.*

dont l'âge et les goûts ne sympathisent point avec les nôtres, nous est déjà si à charge; tandis pourtant qu'elle est entièrement libre, et seulement momentanée: que sera-ce, si nous sommes contraints de les voir toujours, et de passer avec eux la vie entière? que sera-ce, si nous sommes condamnés à souffrir leurs caresses?..... Quelles idées, quels sentimens agiteront une jeune épouse, au sortir d'un cercle de jeunes gens aimables, pour aller partager le lit, et se reposer dans les bras d'un homme vieux, infirme et dégoutant! quel affreux supplice!....

D'un autre côté, ainsi qu'HELVÉTIUS le développe si lumineusement, l'homme dispense aux autres, son *estime* ou le *blâme*; selon la conformité ou la différence de leurs *idées*, de leurs *manières*, et de leurs *sentimens* réciproques. Or, si l'analogie entre deux individus d'âges éloignés, est en général presque nulle: il s'ensuit que, loin qu'il se puisse former entre eux une estime complette, ils ressentiront bien plutôt l'un pour l'autre, un égal mépris. Cependant, sans estime, point de confiance; et sans confiance, point de véritable amitié.

Il est donc démontré qu'il ne peut y avoir, ni plaisirs sentis, ni estime parfaite, ni amour, entre deux personnes d'âges trop disproportionnés; et conséquemment, le bonheur ne se trouve qu'entre époux du même âge.

Si j'invoquais ici le témoignage de l'expérience, elle viendrait puissamment à mon secours; et prouverait que, dans tous les tems, et chez tous les peuples, pour un seul *Ménélas* dupé, l'on a toujours vu mille *Orgontes*..

Je me rappelle à cette occasion, d'un mot de DENIS, à sa mère; qui le priait instamment, de la marier à un jeune homme de SYRACUSE : *j'ai bien pu*, dit-il, *forcer les loix d'un peuple, pour m'en rendre le tyran; mais, de forcer les loix de la nature, pour faire de ces unions hors d'âge : c'est au-dessus de tous les pouvoirs.*

Il arrive pourtant, dit-on, que des gens âgés, se passionnent pour des jeunes gens; et ceux-ci, se prennent quelquefois d'amour pour ceux-là.....

L'amour des premiers, répondrai-je, n'a rien de surprenant. *Alcée* devait aimer *Sapho*; parce qu'à tout âge, l'on aime ce qui est aimable. Mais cela même prouve l'impossibilité, qu'ils soient payés de retour. Aussi, le cœur de *Sapho*, ne brûla-t-il que pour le jeune *Phaon*. Aussi, l'amour de la décrépite *Arquéanasse*, n'inspira-t-il au jeune *Platon*, que du mépris et du dégoût.

Mais, réplique-t-on, l'abbé *Chaulieu* devint éperdûment amoureux de *Ninon de Lenclos*, âgée alors de plus de 70 ans; et connut avec elle le bonheur. Or, s'il existe une seule exception, il peut y en avoir mille.

J'avoue que ce fait, attesté par un grand nombre de contemporains, paraît renverser tout ce que j'ai dit. Qu'il me soit permis néanmoins, de soumettre quelques observations.

Il est constant que, l'imagination est la faculté la plus puissante et la plus active de l'âme. Elle a le pouvoir de revêtir à nos yeux, les objets, des plus grands charmes; d'opérer les plus inconcevables prodiges; de transformer même les défauts et la laideur, en beautés. Je conçois donc comment cette faculté enchanteresse, a pu séduire l'abbé *Chaulieu*, et embellir à ses regards la célèbre *Ninon* qui, malgré son grand âge, conservait encore des grâces, et son esprit sublime Je conçois donc aussi que véritablement il en ait été, comme on le prétend, éperdûment épris; et qu'il ait même goûté dans ses bras, la félicité suprême! mais, nous l'avons dit, l'empire de l'imagination est borné, et s'éteint devant la réalité. Dès que nos sens nous font toucher les choses, et les montrent en quelque sorte nuds, à l'âme : toutes les illusions, tous les vains prestiges disparaissent ; et nous ne voyons plus les choses que, comme elles sont effectivement. C'est ainsi, qu'après avoir erré avec sa nymphe, dans les vastes domaines de l'imagination, dans les isles enchantées; ce galant abbé a dû, immédiatement après la jouissance, se réveiller comme d'un songe trompeur, et ne plus retrouver, au lieu de sa divinité, qu'une femme septuagénaire; sans doute peu propre, à inspirer les feux de l'amour.

CHAPITRE IX.

De la Sympathie.

Heureux deux cœurs unis par une sympathie réciproque !.... ce mot de *symphathie* est extrêmement vague; et j'ai remarqué que, peu de personnes y attachaient les mêmes idées. Je dois donc commencer par dire, sous quel point de vue je le considère. J'entends par sympathie, ce sentiment qui nous fait préférer un individu à un autre: non parce qu'il est plus beau, ni meilleur; mais, parce qu'il nous plait davantage.

Aucun philosophe, que je sache, n'a encore analysé cette *sympathie ;* et les poëtes, entre autres CORNEILLE, se bornent à la définir :

Par un je ne sais quoi, qu'on ne peut expliquer.

Il me semble cependant, qu'en faisant un retour sur soi-même ; c'est-à-dire, qu'en remontant de degré en degré, l'on parviendrait enfin à saisir le premier anneau de la chaîne qui, pour être quelquefois très-éloigné, ne laisse pas d'être bien réel et palpable.

Afin de ne point confondre nos idées, je distinguerai trois espèces de *sympathies :* l'une, qui paraît avoir un rapport plus immédiat avec les *sens ;* la seconde, avec le *cœur* ; et la troisième, avec l'*esprit*.

La Ire. est l'effet d'une éducation ou d'habitudes vicieuses ; et vient souvent de l'indiscrétion des parens, ou des premiers maîtres. C'est ainsi que, la main de Mlle. LAMBERCIER, par un certain chatiment, excita dans le cœur de ce jeune enfant, qui devint un si célèbre philosophe, cette passion bisarre, qui le faisait toujours préférer les femmes impérieuses, et d'une figure sévère ; passion, qui l'a suivi dans tous les âges, dans toutes les circonstances de sa vie, et n'a cessé qu'avec l'individu. *Mon ancien goût d'enfant*, dit-il dans ses CONFESSIONS, *au lieu de s'évanouir, s'associa tellement à l'autre que, je ne pus jamais l'écarter des désirs allumés par mes sens.*

Pour peu qu'on y réfléchisse, l'on trouvera dans ce seul fait, la clef d'une infinité d'autres passions, encore plus singulières, et qui partent du même principe; dont elles ne sont que le développement et l'extention. — Il me serait facile, d'être ici beaucoup plus clair; mais il est des occasions, où l'on doit craindre de l'être trop.

La 2e. espèce de sympathie n'est autre chose que, l'effet de certaines impressions du cœur qui, par leur force, nous font tout rapporter à elles. Ainsi par exemple, DESCARTES a constamment préféré les femmes qui louchaïent; parce que sa première maîtresse, qu'il avait beaucoup aimée, avait ce défaut. C'est par des raisons analogues que, les uns, donnent la préférence aux femmes *grandes*, les autres aux *petites*; ceux-ci aux *blondes*, ceux-là aux *brunes*; etc.

La 3e. espèce, et que je regarde comme la plus faible, est fondée :

1°. Sur la conformité de nos *idées*, de nos *sentimens* et de nos *manières*. C'est en vertu de cette sorte de sympathie que, les personnes d'un certain genre d'esprit et de goût, nous plairont toujours mieux que toutes les autres. C'est également en vertu de la même sympathie que par exemple, un *Chinois* et un *Japonois*, raffolent à la vue de deux *petits yeux*.

2°. Elle est fondée sur certains *rapports physiques* : tels l'on voit les ETHIOPIENS, affectionner le plus, les femmes les plus *noires* : les LAPONS et les SAMOÏEDES, les femmes *trapues* ; les DANOIS et les CANADIENS, les femmes *grandes* et *bien faites*.

Il est incontestable que, la préférence donnée à telle ou telle femme, est nécessairement le résultat de l'une ou de l'autre de ces trois classes de sympathies ; et que même, elle peut l'être de toutes les trois ensemble.

Je ne suis donc pas de l'avis d'HELVÉ-

TIUS, lorsqu'il se borne à dire que, l'on préfère une femme *svelte*, ou une femme *grasse*, etc; selon que dans son enfance, l'on a entendu faire l'éloge de l'une ou de l'autre de ces modifications. C'est donner une cause bien faible et bien bornée, à un effet bien étendu et bien violent.

Mais, quel fruit pouvons-nous tirer de ces principes? c'est, de mieux démêler nos sentimens: connaître les femmes qui nous conviennent davantage, et nous plairont toujours; et conséquemment d'être plus heureux. C'est encore, pour démontrer la folie de ces tristes épouseurs, qui n'en veulent qu'à la dot.

Je dis d'abord, qu'un homme saura mieux quelle épouse il lui faut : ceci n'a pas besoin d'autre explication.

Secondement, que les époux en seront plus heureux. En effet, si *Descartes* aimait au-dessus de tout, les femmes qui louchaient; et *Jean-Jacques*, les sévères: il est évident qu'ils éprouvaient aussi, avec des femmes modifiées de la sorte, des jouissances plus exquises, qu'avec des femmes de toute autre espèce. Par le même raisonnement : tout couple où régnera la sympathie, jouira d'un plus grand bonheur; et leur bonheur sera toujours proportionné, à la masse de sympathie.

A la vérité, le bon *Jean-Jacques* n'aurait point été malheureux, avec l'aimable et spirituelle *Vulson*; mais, ne rencontrant pas en elle ce qui affectait ses sens avec tant de volupté, il n'aurait jamais été parfaitement heureux; tandis qu'avec le sévère *Gotton*, ou une autre femme, en qui il aurait trouvé les mêmes gestes, les mêmes traits, il aurait, comme il l'avoue lui-même, goûté le bonheur des dieux.

Heureux, mille fois heureux! deux cœurs unis par une sympathie réciproque!....

CHAPITRE X.

De la Convenance des Caractères.

Combien d'époux, même honnêtes et vertueux, dit ROUSSEAU, *font mutuellement leur supplice ; pour avoir été mal assortis* !

Quelle est donc cette convenance, ce rapport si précieux ?.... Pour le trouver, réfléchissons sur la nature. Prenons-la pour guide, et rarement nous nous tromperons.

Je m'apperçois que, tout ce qui est violent, se détruit promptement soi-même : tout ce qui n'a point assez de force, pour résister au choc de ce qui l'environne, en est bientôt détruit : et les objets seuls, ni trop violens, ni trop faibles, se maintiennent le mieux et le plus long-temps. Il n'y a donc que les forces moyennes, qui soient conservatrices ; et quant aux deux extrêmes, il faut nécessairement fortifier d'un côté, et tempérer de l'autre.

Appliquons ceci aux caractères, et la règle est toute trouvée.

Si vous mettez ensemble deux personnes également emportées et récalcitrantes : à tout moment, ils en viendront aux propos, aux querelles : leurs cerveaux, comme des matières inflammables, s'échaufferont ; et bientôt il en naîtra les plus violens orages, les plus terribles explosions, qui finissent par ruiner et détruire la machine.

Mais, dit-on, lorsqu'une femme aime bien son époux, elle s'efforce de se plier à son humeur ; et comme rien n'est impossible à l'amour, il parvient enfin à établir l'équilibre, qui n'existait point d'abord.

Ce raisonnement est sans doute bien séduisant. Je dirai même, s'il est sincère, qu'il est la preuve d'une belle âme. Mais hélas ! il est sans cesse démenti par l'expérience.

En effet, tout homme qui connaît le cœur humain sait que, les passions ne raisonnent pas. Et, si certaines habitudes, quoique contraires à notre destination primitive, nous dominent pourtant au point que, malgré tous nos efforts, nous ne pouvons les déraciner : combien ne sera-t-il pas plus difficile, d'extirper celles qui tiennent à notre constitution naturelle ? Ainsi, avant d'arriver à cet heureux résultat, nous pourrons vingt fois périr d'emportement; ou, former d'autres attachemens, qui opposeront une éternelle barrière, entre la félicité et nous.

Si vous réunissez deux caractères indolens? à la vérité, ils ne s'entredétruiront pas; puisqu'ils manquent d'énergie; mais par cette raison, ils seront détruits par tout ce qui les entoure. D'ailleurs, il ne peut régner entre eux qu'une ennuyeuse monotonie, qui les dégoûte l'un de l'autre; et les fait chercher au dehors, le plaisir qu'ils ne trouvent point ensemble.

Que si vous rapprochez deux caractères tempérés : il y a équilibre au-dedans et à l'extérieur; et tout concourt à la conservation, à l'harmonie et au bonheur. D'où il suit que, les caractères tempérés sont les plus heureux.

CHAPITRE XI.

Caractères Passionnés.

Loin de moi cependant, de vouloir jetter de la défaveur sur les *caractères passionnés :* c'est à eux seuls, que le génie doit ses découvertes, et la société son perfectionnement ; et moins un homme est passionné, moins il y a de distance entre lui et la brute. *Les passions,* dit HELVÉTIUS, *sont le feu céleste qui vivifie le monde moral : c'est à elles, que les sciences et les arts doivent leurs progrès, et l'*AME SON ÉLÉVATION.

Que de faits à citer, si j'ouvrais les annales du monde !.... Mais, en a-t-il jamais existé de plus étonnans, que ceux que nous avons sous les yeux ? à qui devons-nous notre salut ? à qui l'*Europe* doit-elle la paix ; et la FRANCE, d'avoir échappé les horreurs de la *guerre civile ?*.... Que serions-nous maintenant, où serions-nous : s'il ne se fût trouvé un citoyen magnanime, embrâsé de l'amour de la patrie ; et qui, la voyant au bord du précipice, a voulu la sauver au péril de sa propre existence ? Qu'est-ce qui soutiendrait ce génie extraordinaire, dans son immortelle entreprise ; lui ferait sacrifier son repos et son bonheur, à celui de ses concitoyens : s'il n'était toujours inspiré par les mêmes passions, sublimes et généreuses ? Comment enfin, à la fleur de l'âge, eut-il pu déjà effàcer les *Alexandre*, les *Annibal*, les *Scipions* et les *César* ?....

O ma patrie ! quel serait ton destin si, avant que ton gouvernement fût bien consolidé, tu perdais ton *Epaminondas* ? O *Thèbes* ! république malheureuse ....!!

Le nombre des hommes, en qui l'on remarque des étincelles de ce feu céleste, est très-petit ; et leur grande âme renferme toujours en elle un dédommagement, à ce qu'elle pourrait avoir de trop impétueux. Donnez-leur sans crainte, une compagne d'une humeur douce, qui tempère le feu de leur génie ! loin d'être malheureuse: son âme s'ennoblira par le commerce de la leur; et de cette manière, se trouvera en quelque sorte associée à leurs immortels travaux, et à leurs jouissances surnaturelles.

Il est un bien plus grand nombre d'hommes, qui ont à la vérité ce caractère passionné, mais, à qui il manque une âme. Ceux-là, sont au-dessus de l'espèce humaine : ceux-ci, au-dessous des bêtes féroces. Ce n'est point un dieu qui les inspire : c'est un démon.

C'est bien à eux, qu'il faut des épouses patientes et résignées. Que sais-je? dans leur fureur brutale, si elles leur résistaient....!

Que je plains les infortunées, qui gémisent sous une tyrannie aussi cruelle....! Il eût mille fois mieux valu pour elles, que leur couronne nuptiale se fût changée en cyprès!

Cependant, l'on apprivoise bien les lions et les tigres. Ne peut-on espérer aussi que, par des attentions, par la douceur....? Hélas! s'il existe un seul moyen salutaire, c'est à coup-sûr celui-là seul.....

CHAPITRE XII.

De l'Estime.

Nous tenons tellement à notre propre estime et à celle du public que, nous leur sacrifions toutes les autres jouissances, et souvent la vie même *L'estime*, dit PASCAL, *est la qualité la plus ineffaçable du cœur de l'homme.*

L'on peut juger à quel point ALEXANDRE en était idolâtre, par ce mot : *ô Athéniens ! combien il m'en coûte pour être loué de vous !* mais quand RÉGULUS, malgré les pleurs de sa famille, malgré les prières de ses amis et du peuple ; retourne fièrement à *Carthage*, comme à un festin, mourir dans les plus affreux supplices : osera-t-on nier que l'estime y ait eu la meilleure part ?

Or, si l'homme de bien tient plus à l'estime qu'à la vie ; si la conscience est si sévère à notre égard : combien le sera-t-elle envers les autres ? quel mépris, quelle indignation, leurs vices n'exciteront-ils pas en nous?.... Il est donc impossible que nous aimions ceux que nous méprisons; et par conséquent l'estime, dans l'objet de notre choix, est indispensable au bonheur. *Otez l'estime*, dit JULIE, *et l'amour n'est plus rien.*

D'ailleurs, la vie n'est qu'une longue chaîne de bien et de mal; et le mal l'emporte de beaucoup sur le bien. *O Jupiter!* s'écrie le PÈRE DES POETES : *que de calamités tu sèmes parmi les mortels!....* Quel sera donc mon réfuge? où irai-je, dans ces momens de douleur, puiser des consolations? sera-ce dans le sein d'une épouse que mon âme rejette?.... C'est plutôt alors que, les regrets mettront le comble à ma misère!....

Que le tableau est différent! si je possède une compagne estimable. Quel mal me pourront faire les hommes, dont je ne trouve à l'instant le dédommagement? peu m'importent leur haîne, leurs intrigues, leurs vexations : si mon âme, absorbée par une jouissance céleste, ne les remarque point? peu m'importe la perte de ma fortune, si je possède un trésor inépuisable, que rien ne peut me ravir; et dont le prix augmente à mes yeux, proportionnellement à mes pertes?

Mais, ne m'abusé-je point? ne serait-ce pas une chimère?.... O *Lucain!* viens leur apprendre que, tous les lieux de la terre sont indifférens à l'époux de *Cornélie*; pourvu qu'il respire le même air qu'elle. O *Plutarque*! viens leur dire que *Sabinus*, proscrit, caché dans une profonde caverne, et abandonné du monde entier; vécut le plus heureux des maris et des hommes, dans les bras de son estimable et chère *Eponine*.

CHAPITRE XIII.

Du Cœur.

Le cœur est cette faculté qui, diversement modifiée, nous rend vertueux ou méchans. Il est donc le principe de toutes nos vertus, de nos défauts, et de tous nos vices. Ainsi le cœur donne la vie ou la mort à notre être moral ; de même qu'il fait exister, ou périr, notre être physique.

Tant que le cœur n'est point corrompu, l'homme peut bien s'égarer ; et le plus sage, hélas ! ne paye que trop souvent ce tribut à la faiblesse humaine ; néanmoins il n'est pas insensible à la voix du devoir et de l'honneur. Il suffit de lui montrer ses écarts, pour le ramener aussitôt dans le droit chemin.

Mais, le cœur est-il dépravé ? tout est perdu. Cet état est le plus dangereux qui menace la société. C'est de là que naissent les *Caracalla*, les *Néron*, les *Chilperic*, les *Borgia* ; et tous les monstres qui désolent l'univers.

Lorsqu'on songe aux suites fatales de la dépravation du cœur, l'on est moins étonné de ce jugement de l'*Aréopage*, qui condamne un enfant à mort, pour avoir crévé les yeux à son oiseau. C'est ce même *Domitien*, qui s'enfermait tous les jours une heure, pour le plaisir de percer des mouches, qui a fini par se gorger de tant de sang humain !

Malheur! à quiconque n'éprouve plus ces délicieuses palpitations, qui indiquent une âme sensible! malheur sur-tout, à l'époux engagé dans une telle union!....

Je préférerais, sans hésiter, une épouse qui n'eût qu'un bras, ou qu'une jambe; à une *Vénus* qui aurait le cœur dépravé.

CHAPITRE XIV.

De la Sensibilité

A entendre tout le monde, tout le monde est sensible; mais, si l'on regarde aux actions, l'on croirait que tout est marbre. En serait-il peut-être de la sensibilité, comme des autres vertus; que l'on ne trouve guères que dans les discours et les livres? *il y a des hypocrites de sensibilité*, dit THOMAS (*), *comme il y a des hypocrites de vertu.*

Quelle raison peut donc porter si fort,

(*) *De l'Académie française.*

à se faire croire doué de cette qualité? c'est, qu'elle est le signe d'un bon cœur, d'un homme de bien; et que chacun a intérêt de le paraître.

Oh! s'ils connaissaient les jouissances des âmes sensibles! s'ils connaissaient les délices! les ravissemens....! *Charmante sensibilité!* s'écrie STERNE: *source inépuisable de nos plaisirs les plus purs et les plus voluptueux!....*

Mais, faut-il que ces jouissances soient achetées si chèrement.... ! Un cœur sensible partage toutes les peines des autres: il gémit de toutes leurs privations, souffre de toutes leurs douleurs; il ressent toutes leurs blessures, au fond de ses propres entrailles.

Il partage même les maux d'imagination: il est triste de leur tristesse; et tremble de leurs craintes.

En un mot, un cœur sensible est comme répandu dans toute la nature; et tout le mal qui arrive aux êtres créés, vient le frapper lui-même.

D'un autre côté, nos maux personnels

nous affectent davantage, à proportion du degré de notre sensibilité ; et, ce qui effleure à peine un cœur phlegmatique, altère notre santé, et souvent nous plonge dans le tombeau.

Que si je porte un cœur froid : les misères de l'humanité n'existent point à mes yeux. Rien ne trouble mon repos, et je jouis d'un bonheur stoïque.

A la vérité, mon bonheur ne sera que négatif. Je n'éprouverai pas ces sentimens exquis, ces étreintes délicieuses, qui sont le prix des âmes sensibles ; mais aussi, j'ignorerai ces peines cruelles, mille fois plus longues, qui font le tourment de la vie.

Il résulte donc que, *la sensibilité est un mal;* et *l'indifférence, un bien.....*

Eh quoi ! pense-t-on sérieusement, que je voulusse renoncer à la qualité la plus précieuse de toutes : à la *sensibilité* ! au plus grand présent des dieux ! et que je consentisse à me ravaler ainsi, au niveau de l'insecte et de la brute.... ! Quel est l'homme assez stupide, pour le croire ?

assez vil, pour y consentir? Non! dit YOUNG : *la nature ne voit point dans son sein de monstre plus étrange et plus affreux, que ne l'est un homme, insensible au malheur d'un homme!* — O STOÏCIENS! ô SÉNÈQUE....!

S'il faut donc opter : s'il faut, ou jouir et souffrir; ou, vivre comme les animaux : multiplie, grand Dieu! centuple mes peines! puisque leur excès même, doit produire mes plus grandes délices....!

CHAPITRE XV.

De l'Esprit. Parallèle avec la Beauté.

L'esprit rehausse à nos yeux le prix de tous les objets, et répand un charme inconcevable sur la vie entière. Il vient nous arracher à nos douleurs, pour nous transporter, loin des orages, sous un ciel pur et serein. Son influence, comme les eaux du fleuve *Léthé*, nous ôte jusqu'au moindre souvenir de nos peines. C'est un vrai talisman qui séduit, trompe et enchante nos regards. J'ai donc raison de rechercher une épouse spirituelle.

D'ailleurs, les autres qualités ne sont, si je puis dire, que des qualités matérielles et d'emprunt : l'esprit est plus un produit de notre propre fonds, et appartient à la partie la plus noble de l'homme.

Enfin, les talens futiles se perdent ; et la beauté, comme dit SAPHO, n'est qu'une tendre fleur,

Qui naît avec l'aurore, et meurt avec le jour ;

tandis que l'esprit s'accroit sans cesse, et ne meurt entièrement qu'avec nous.

Afin de mieux apprécier la supériorité de l'esprit sur la beauté, faisons une supposition : transportons-nous pour un moment, dans un cercle, où arrive une belle femme. Il faut convenir, qu'elle fera d'abord la plus grande sensation ; et semblable à l'astre merveilleux, dont les rayons éblouissans commandent par-tout l'admiration et le respect, elle fixera exclusivement tous les regards.

Que si cette *Galathée* veut s'annoncer : tous prêtent une oreille attentive, et applaudissent déjà d'avance, aux oracles qui vont sortir de sa bouche. Mais, ô vanité des choses humaines! si cette bouche divine ne profère que des inepties : à l'instant le charme cesse ; et ce peuple idolâtre, honteux d'avoir adoré une statue, renverse impitoyablement son idôle.

Belle tête, dit-il; mais de cervelle point (*).

Qu'alors, il survienne par hasard une autre femme, non favorisée des dons de la nature; mais spirituelle : quel sera son triomphe.... ! C'est *Médée* qui, d'un geste, opère les plus grands miracles. Elle ramène à elle subitement, et comme par une vertu magique, tous les hommages rendus tout à l'heure à la beauté. Son esprit est l'enchanteur qui la place sur le trône, pendant que sa rivale, humiliée, confuse, n'est plus qu'un sujet de dédain et de mépris. O *Fanni* ! tu l'emportes autant sur *Athis*, que le génie est au-dessus de la vile matière.

(*) *La Fontaine.*

Dites-nous, jeune époux! qui vous laissâtes séduire par les attraits extérieurs, et prîtes une compagne qui ne peut mettre en commun, que ces qualités vaines et fragiles : dites-nous quels ont été, après les premiers momens d'ivresse, vos ennuis et vos regrets? quel sacrifice ne feriez-vous point, pour être encore maître du choix?

Eh! comment un homme sensé, pourrait-il se plaire et vivre heureux, avec une femme stupide? l'homme spirituel et l'ignorant, habitent comme deux régions opposées : dans l'une desquelles on s'occupe d'objets, qui élèvent et agrandissent l'âme; et dans l'autre, de choses qui l'avilissent et la dégradent. Il ne peut conséquemment exister entre eux, nul point de communication; et ils doivent se regarder aussi étrangers que les Antipodes.

En effet, si nous jettons un coup-d'oeil sur la société, nous voyons que, les différentes liaisons sont en général basées, sur les divers degrés de connaissances; et, qu'un homme instruit, à moins qu'il n'ait des raisons particulières, ne compose jamais sa société, que de gens sensés; de même qu'un sot, ne se plaît qu'avec d'autres imbécilles; où il puisse extravaguer tout à son aise.

Un sot cherche toujours un plus sot qui l'admire (1).

Il y a plus : les deux classes se portent même d'ordinaire un mépris réciproque; et, si l'homme de génie regarde l'ignorant, d'un œil de pitié : celui-ci regarde le savant, comme un visionnaire; et le traite de fou.

Il s'ensuit donc nécessairement qu'un mari, habitant du premier pays dont nous avons parlé, s'il épouse une femme du second : la négligera bientôt, pour aller vivre avec des compatriotes. *Il serait injuste*, dit SCARRON, *que, tandis que toutes les parties de notre corps trouvent à se divertir : notre âme seule souffrît, en supportant des conversations dénuées de jugement.*

---

(1) Imitation de ce vers de BOILEAU : *Un sot trouve toujours....*

Mais aussi, quelle félicité pour un époux, de posséder une femme qui parle sa langue! et, si c'est déjà un si grand plaisir pour lui, de se trouver avec des hommes éclairés, où son âme se puisse communiquer et se développer : si l'esprit est la plus grande jouissance de l'esprit : quelles délices! s'il trouve ces avantages réunis dans son épouse? combien leur amitié en sera plus forte, plus solide, et leurs jouissances plus ennivrantes....!

O ESPRIT! source des plaisirs les plus durables et les plus exquis! qui peut se refuser à ton divin empire, ou le révoquer en doute?.... C'est toi, qui fis disparaître les difformités des corps d'*Esope*, et de *Claranus*; pour en faire les hommes les plus aimables. C'est par ton enchantement, que la belle *Hiparchia*, préféra *Cratès*, ce philosophe contrefait; aux plus beaux jeunes gens de *Thèbes*, et aux immenses richesses de son père. C'est toi et non la beauté, qui enchaînas jusqu'aux plus sages des *Grecs*, au char d'*Aspasie*. Le célèbre *Euclide* t'estima plus que la vie même.

C'est par ta puissance qu'UN SEUL HOMME, à son gré, RENVERSE, ou CRÉE LES EMPIRES. C'est toi enfin qui prouves, sans contredit, la supériorité de notre espèce; et traces la ligne de démarcation, entre l'homme et la brute.

CHAPITRE XVI.

De quel Esprit j'entends parler.

Que l'on se garde bien de prendre pour de l'esprit, ce qui souvent n'en est que l'abus. Rien ne porte un plus grand obstacle aux lumières, et au développement du génie: que cette manie de juger tout, d'expliquer tout; même les objets dont l'on n'aura jamais la moindre idée. *Le faux esprit*, dit d'ALEMBERT, *tient de plus près qu'on ne croit, à la barbarie.*

C'est pour avoir voulu expliquer les choses, appelées *divines*; qu'en tout tems, les THÉOLOGIENS ont débité tant d'absurdités. C'est pour avoir voulu développer les *causes premières*, que les PHILOSOPHES de l'*Egypte*, de l'*Asie* et de la *Grèce*, ont bâti ces systêmes extravagans, dont on est tout étonné, lorsqu'on voit à côté, des chefs-d'oeuvre en politique et en morale. SOCRATE, en dépit de PLATON, est le seul, qui n'ait pas expliqué la nature : et SOCRATE est le seul, qui ait toujours raisonné juste.

L'orgueil de tout connaître, enfanta des systêmes (*).

Cette maladie des anciens, s'est communiquée aux modernes ; et des métaphysiciens célèbres, tels que DESCARTES, LEIBNITZ, MALLEBRANCHE, n'ont pu s'en garantir. FONTENELLE, a vivement embrassé les erreurs de DESCARTES. Quel tribut n'ont pas payé NEWTON, BOSSUET, et sur-tout BUFFON (1) ! Mais, quelle idée

(*) *Helvétius.*

(1) Quand je lis dans BUFFON : » Notre globe, » pendant 35,000 ans, n'a été qu'une masse de cha- » leur et de feu, dont aucun être sensible ne pou- » vait approcher. Ensuite, pendant 15 ou 20,000 » ans, sa surface n'était qu'une mer universelle » 4e. *Epoq. de la nat.* Quand je lis dans son ouvrage,

aurai-je de moi, si je considère que le législateur des Nations, l'immortel MONTESQUIEU lui-même, nous parle d'*intelligences supérieures à l'homme;* soutient que, l'*âme a des plaisirs indépendamment des sens*; et, qu'*elle aurait connu, quand elle n'aurait point été unie au corps?....*

Il est évident que leurs erreurs viennent, de ce qu'ils n'ont pas été bien convaincus de cette grande vérité, révélée par LOCKE, mise dans le plus grand jour

---

De la Nat. de l'hom. : » L'existence de notre corps, » et des autres objets extérieurs, est douteuse. — » Nous pouvons croire qu'il y a quelque chose hors » de nous; mais, nous n'en sommes pas sûrs ». Quand je vois cet homme de génie, m'expliquer sérieusement : *La nature de la terre, avant sa formation. Comment cette formation a été produite. Comment le Soleil est devenu fluide, lumineux et brûlant*, etc. etc. Quand enfin, dans tous les ouvrages de ce naturaliste célèbre, je retrouve par-tout des hypothèses aussi gratuites; et que je vois tous ces rêves reçus avidement par le grand nombre, comme des *oracles* : je suis tenté de croire qu'en effet, ainsi que l'a dit un sage : *Notre planète est la Bedlam*; ou, *les petites maisons de l'Univers.*

par CONDILLAC, et condamnée par les THÉOLOGIENS :

Nous ne pouvons connaître que ce qui tombe sous les sens.

Que l'on ne confonde pas non plus l'esprit, avec ce misérable jargon, désigné sons le nom de *bel esprit*; et dont tout le mérite consiste, à dire élégamment des *riens*.

Encore moins, avec ce langage maniéré et stupide, qui, au lieu d'idées, ne donne que des *sons*, et des termes *magnifiques*.

En quoi consiste donc l'esprit véritable? à ne voir dans les objets, avec *Condillac*, que ce que nos sens nous découvrent, et ce qu'on y voit en effet : à reconnaître avec *Gassendi*, que nos yeux ne peuvent appercevoir que la superficie des choses; et que les secrets de la nature, sont couverts d'un voile impénétrable. Ainsi, l'esprit consiste plus à savoir, comme *Socrate* et *Montagne*, qu'on ne sait pas; que dans une vaste, fastidieuse, et souvent sotte érudition.

C'est cet esprit là, et qui n'est à proprement parler que le *bon sens*, que je révère; et sans lequel, je le soutiens avec *Aristote*, il n'y aura jamais d'époux heureux.

Je ne puis m'empêcher, avant de terminer sur l'esprit, de dire deux mots sur la *perfectibilité* des femmes; et par occasion, sur les autres injustices des hommes à leur égard.

CHAPITRE XVII.

Injustice à l'égard des Femmes.

Que des *Turcs*, des *Mogols* et des *Tartares*, croient les femmes uniquement créées pour leurs plaisirs, et pour être leurs esclaves. Que par un excès contraire, les *Samanéens*, les *Brachmanes*, et des *Mages*, les jugent indignes de leur commerce. Que des *Sauvages* les condamnent à tous les travaux pénibles, et à cultiver la terre; tandis qu'eux, ils restent nonchalamment étendus sur leurs hamacs. Que les *Ethiopiens*, les habitans du *Pégu*, de l'*Arabie-Pétrée*, et quelques autres peuples féroces, portent l'outrage envers leurs filles et leurs femmes, jusqu'à fermer le sanctuaire du plaisir par un anneau, dont le mari seul a la clef. Que PLATON rève, qu'*elles sont en tout très-inférieures aux hommes.* Que les Egyptiens soutiennent *Isis*, beaucoup au-dessous d'*Osiris.* Qu'une nation superstitieuse entière, comme l'affirme *Montesquieu*, leur refuse une âme. Que *Romulus*, à l'imitation d'autres peuples, donne aux maris droit de vie et de mort sur leurs épouses; et que *Denis* d'*Halicarnasse* l'en préconise. Enfin, qu'au XVI siècle, un *Jocrisse* range les femmes dans la classe des *brutes*..... Il n'y a dans tout cela, rien qui surprenne. L'on sait à quoi l'on doit s'attendre de la part des visionnaires, des barbares; et comme dit GRÉCOURT :

Il est des fous de toute espèce.

Mais qu'au XVIII siècle, un ROUSSEAU, un VOLTAIRE, un MONTESQUIEU, viennent d'un commun accord, refuser aux femmes le *génie* : c'est là ce qui étonne. ROUSSEAU va plus loin : il prétend, qu'*elles ne savent ni décrire, ni sentir l'amour même*; et, qu'*elles n'auront jamais d'âme*. Il excepte néanmoins *Sapho*, et une autre, qu'il ne nomme point. Comment ce blasphême a-t-il pu être proféré, par l'auteur inimitable, de la sensible et tendre *Julie*? Ne pourrait-on pas lui répondre : vous vous condamnez par votre propre ouvrage..... D'ailleurs, si de votre aveu il y a deux exceptions : pourquoi n'y en aurait-il pas dix, vingt, cent, mille?.... La nature s'est donc oubliée? elle n'a donc été juste qu'à l'égard de deux femmes, et injuste envers toutes les autres?.... Je ne sais trop comment il aurait levé ces contradictions.

Que, non contens de ravaler les femmes, FONTENELLE et BUFFON, veuillent encore les priver du peu d'empire qui leur reste, en réduisant, comme sur les rives de l'*Orénoque*, l'amour au *matériel* : que POPE accuse toute femme, d'avoir le *cœur libertin* : et que PUFFENDORF inscrive dans le code des peuples, cette loi de *Dracon* : *si une femme commet des actions insupportables, le mari peut la tuer par droit de guerre*! c'est le comble de l'outrage et de la barbarie (1)!

Que diraient-ils, s'ils pouvaient revenir parmi nous, ces braves *Gaulois*, qui avaient pour leurs femmes la plus grande vénération; les admettaient dans leurs conseils; et leur croyaient quelque chose de divin? que diraient nos valeureux ancêtres, les *Germains*, qui adoraient leurs épouses; et regardaient leurs décisions comme des oracles? que diraient-ils, ces courtois et preux *Chevaliers* qui, dans les plus grands dangers, ne juraient que par leurs dames? Quel serait leur étonnement, leur indignation, leur vengeance! s'ils voyaient quel infâme traitement reçoit un sexe si aimable, si nécessaire au bonheur de l'homme, et pour lequel ils avaient tant d'amour!....

---

(1) PUFFENDORF soutient aussi : *Droit de la nat. et des Gens*, *liv. VI. ch. I.* que, *le sexe masculin est naturellement plus noble que le féminin.* Peut-on à ce point, abuser du langage! cette idée est pourtant presque universellement répandue. Mais je serais curieux de voir un jour quelque auteur, nous en faire la démonstration.

Il est cependant aussi quelques philosophes, qui ont osé accorder aux femmes le *génie;* et parmi lesplus célèbres, je distingue *Descartes* et d'*Alembert.*

Il en est un sur-tout..... O *Helvétius*! philosophe hardi, génie immortel! toi, qui réintégras les hommes dans leurs droits! viens défendre la cause d'un sexe que tu as toujours aimé; d'un sexe, qui t'a fait passer des momens si voluptueux!.... Quel est l'homme qui y soit plus obligé? mais aussi, quel est l'orateur qui se puisse présenter avec plus de titres? de quel poids est dans cette question, l'avis de *Montesquieu*, de *Rousseau* et de *Voltaire*, en comparaison de ton autorité? Leur diras-tu que, les femmes ne sont nullement inférieures aux hommes, de leur *nature*? que la même perfectibilité est donnée aux deux sexes? et que, si en général les femmes font moins de progrès dans les arts et les sciences : c'est uniquement l'effet de leur *éducation*?

Que s'il m'était permis de parler après un si grand maître : je ferais aux détracteurs du beau sexe, cette proposition : que l'on choisisse un assez grand nombre d'hommes, et autant de femmes ; qu'on leur donne les mêmes instituteurs, la même éducation ; qu'on évite aux femmes les distractions et la perte de tems, occasionnées par leurs maladies, leurs grossesses, leurs couches. Enfin, qu'à une époque fixée, l'on fasse un examen. Si alors toutes ces femmes ont sensiblement moins d'esprit que les hommes : l'on prononcera en dernier ressort, qu'en effet *Isis* est d'une nature inférieure à *Osiris*. Mais jusques-là, j'ose demander aux philosophes, par l'intérêt que je prends à ce sexe charmant ; et au nom de leur propre bonheur : qu'ils veuillent bien suspendre leurs terribles décisions.

CHAPITRE XVIII.

De l'Economie.

Pour prouver toute l'importance de l'économie, je citerai un exemple.

Artidore hérite un bien en terre, de la

valeur de deux cent mille écus. Il se marie, reprend le train du père, garde le même nombre de domestiques ; en un mot, conserve le tout absolument sur le même pied que jusqu'alors ; mais, il lui manquait l'*œil du maître*. Au lieu de porter dans toutes les parties de son établissement, cette surveillance active et productrice, qui centuple : il n'y apportait qu'indolence et ineptie. Bientôt, il se dégoûta tout-à-fait de ces occupations, qu'il traitait d'*ignobles* ; et comme en *Perse*, les abandonna aux *Eunuques*.

Vers le même tems s'établit aussi *Eleuco*, son voisin. Autant le premier est riche, autant celui-ci est pauvre ; mais, élevé à l'école du besoin et de l'économie ; et secondé par son épouse, qui méritait le titre honorable de *bonne ménagère* ; il sait fertiliser et faire valoir les quinze hectares (*), qui composent toute leur fortune. Si parfois le laborieux *Eleuco* se sentait accablé de fatigue : il ranimait toujours son

(*) *Arpens.*

courage, en répétant ces sages paroles :

Les soins que j'aurai pris, de soins m'exempteront (*).

Quel a été le résultat? au bout de neuf à dix années, l'homme aux deux cent mille écus, sans avoir éprouvé ni banqueroute, ni d'autre événement extraordinaire, allait demander l'aumône; tandis que l'homme aux quinze hectares, avait acquis une fortune assez conséquente, pour se reposer, et terminer ses jours dans le sein de l'abondance et du bonheur.

Il est bien peu d'hommes, qui ne puissent se reconnaître dans *Artidore* ou *Eleuco*; et il serait aisé, d'étendre le tableau des comparaisons ; mais, à quoi bon s'appésantir sur ce que personne n'ignore ; quoique cependant l'on agisse presque toujours, comme si l'on n'en avait aucune idée ?

L'économie est donc plus que la fortune ; puisqu'avec son secours, on peut s'en créer une ; et que sans elle, l'on dis-

---

(*) *La Fontaine.*

sipe celle qu'on a. Conséquemment, tout père sage qui veut marier sa fille, songera plus, si son gendre a de l'ordre et de la conduite, qu'il ne regardera à son bien; et tout homme sensé, qui recherche une compagne, s'attachera plus à l'esprit du ménage, qu'à la dot.

Oui! quoiqu'on en puisse dire, il restera toujours vrai, qu'*une femme économe, est un trésor*.

CHAPITRE XIX.

Inconvéniens d'être marié trop Jeune.

Ceci est encore un point de la plus haute importance, et dont le mépris produit les effets les plus funestes.

D'abord, si l'on marie les filles trop jeunes; c'est-à-dire, avant que le corps et les parties de la génération soient bien formés, les premières couches mettront leur vie en péril; et, si elles en réchappent, toujours leur constitution en sera affaiblie;

et souvent, elles seront estropiées et languissantes, le reste de leurs jours.

D'un autre côté, sans être un *Gallien*, ni un *Hipocrate*, il est tout aussi évident que, la faiblesse de la mère, entraîne nécessairement celle de l'enfant. Cela est même vrai des autres espèces; et parmi les animaux, comme parmi les hommes, les fruits trop précoces, restent toujours chétifs et malingres.

Quand la mère et l'enfant, dit ROUSSEAU, *croissent à-la-fois, et que la substance nécessaire à l'accroissement de chacun d'eux, se partage; ni l'un ni l'autre n'a ce que lui destinait la nature : comment se peut-il, que tous deux n'en souffrent pas?*

C'est par ces motifs, qu'*Aristote* ne permet le mariage aux filles, qu'à l'âge de dix-huit ans; et que *Platon* ordonne, que les enfans d'une mère au-dessous de vingt ans, ou, d'un père au-dessous de trente, soient exposés. *Xenophon* rapporte une loi de *Licurgue*, encore plus étrange : ce législateur prescrivait aux vieillards, de confier leurs femmes, à des jeunes gens robustes, afin qu'ils les fécondassent, et qu'il en naquît des enfans vigoureux.

Examinons actuellement la question, sous un autre point de vue.

Nous ne repéterons point en cet endroit que, les jeunes gens n'ont ni assez de lumières, pour juger de la suffisance ou de l'insuffisance des moyens d'exister; ni l'œil assez exercé, pour pénétrer le voile de l'hypocrisie, et pour juger des convenances d'intérêt.

Mais nous observerons que, leur vue n'embrassant qu'un horison très-circonscrit, ils ne songent qu'à s'exempter des maux actuels; et ne s'inquiètent de rien autre chose. Le présent est tout pour eux : l'avenir est à peine remarqué.

Des jeunes filles, pour se soustraire au dur joug que leur imposent leurs mères; et sans réfléchir si l'avenir qu'elles se préparent, ne sera pas beaucoup plus terrible : acceptent donc, sans l'aimer, le premier mari qui se présente.

Souvent aussi, elles se font illusion à

elles-mêmes, et sont leurs propres dupes : elles prennent pour de l'inclination, ce qui au fond n'est, dans l'alternative inévitable de deux maux, que le choix donné en apparence au moindre.

Mais combien de fois des filles, pour mettre fin à la tyrannie de leurs parens, affectent-elles même de l'amitié et de l'inclination ; tandis que le cœur n'éprouve que de la répugnance et du dégoût ? n'importe ! c'est toujours un moyen de sortir d'esclavage ; et dans leur aveuglement, tout moyen est bon, pourvû qu'il mène au but.

Un autre inconvénient c'est que, deux époux livrés à eux-mêmes, lorsqu'ils manquent encore d'expérience, sont en quelque sorte à la merci du premier fripon, qui veut en faire ses dupes. Ainsi, ne connaissant pas la fourberie des hommes, ni le prix de l'argent : ils ont déjà épuisé leur fortune, se trouvent dans la misère, et se détestent ; avant d'être parvenus à l'âge, où l'on devrait seulement penser à les établir.

CHAPITRE XX.

Inconvéniens de se marier trop Agé.

La nature a, pour chaque objet, déterminé des points fixes . en deça, ou audelà, on est également éloigné du but, et puni de l'écart.

C'est ainsi , qu'en laissant écouler le tems où elle prépare le corps, à la conconception et à l'accouchement; les femmes ne peuvent plus s'y exposer sans danger.

D'ailleurs, la nature a posé un terme à la fécondité. Conséquemment, plus une femme en est près, lorsqu'elle se marie, moins elle paye sa dette à la société.

Il est une autre dette, encore plus sacrée que celle là. C'est peu, de mettre un enfant au monde : les animaux les plus vils, ont cela de commun avec nous; mais, de l'élever pour lui, et pour la société : voilà en quoi consiste tout le mérite; et ce qui distingue vraiment l'homme de la brute. Or, si vous ne devenez père que tard : qui vous répond de vivre assez, pour achever l'éducation de vos enfans ? et, s'ils sont abandonnés à eux-mêmes et jettés dans le tourbillon, avant qu'ils aient appris à le connaître, et à occuper leur place : quel bien aurez-vous fait ? quel service rendu à l'état ? N'est-il pas incontestable que, l'éducation faisant les vices et les vertus ; le bonheur ou le malheur de la vie : vous n'aurez donné le jour qu'à des êtres misérables ; à charge à eux-mêmes, et dangereux aux autres ?

Je suppose néanmoins, que vous vécussiez assez long-tems, pour achever l'éducation : toujours est-il vrai, qu'elle ne sera point aussi efficace. Il y a trop de distance entre l'enfant et vous, pour bien s'entendre. Les rapports entre les manières de voir et de sentir, sont trop éloignés ; pour qu'il y ait la même confiance et la même intimité

Mais, que sera-ce si l'enfant, parvenu à l'âge de raison, remarque les faiblesses qui, d'ordinaire, accompagnent le retour de l'âge ? que sera-ce, si vous paraissez une fois ridicule à ses yeux? Dès ce moment, tout le fruit de l'éducation est perdu sans remède; tous vos efforts sont vains : il ne reconnaît plus de guide, il se déprave, et court irrésistiblement à sa perte.

Enfin, le bonheur immédiat des époux exige, qu'ils s'unissent jeunes. Il en est en quelque sorte de l'homme, comme des plantes : tant qu'un arbre n'a point atteint sa crue, on peut le plier, et lui donner quelle direction l'on veut; mais, a-t-il une fois acquis toute sa consistance? on parviendrait plutôt à le rompre, qu'à le faire céder. De même, lorsqu'une fois nous sommes parvenus à certain âge, et que les habitudes sont devenues une *autre nature* le caractère est infléxible, et malgré tout, reste tel qu'il est. Il ne peut donc plus s'établir entre les époux, cette conformité d'humeur et de sentimens, qui fait le plus grand charme du mariage.

CHAPITRE XXI.

Age convenable aux Unions.

S'il y a de si graves inconvéniens à se marier, ou trop jeune, ou trop âgé : quel est donc l'âge propre à l'hymen ?

Je réponds que, cela est impossible à fixer absolument ; parce que les individus sont plus ou moins précoces, les uns que les autres ; et que la puberté n'a point de loix universelles.

Tels enfans du même pays sont formés, et en état de se diriger, à seize et vingt ans ; tandis que d'autres ne le sont pas à ving-quatre ; ou même, ne le seront jamais.

La différence est encore plus grande, de climat à climat. En *Asie*, en *Afrique* et en *Amérique*, il est des contrées où les femmes, comme en *Europe*, ne sont nubiles que tard ; et il en est d'autres, tels que le royaume de *Décan* et le *Malabar*, où elles sont épouses et mères, à huit ans ; et les hommes, pères à dix.

D'ailleurs, dans l'état actuel des choses, il est d'autres circonstances qui doivent influer. Par exemple, un père judicieux mariera sa fille, dont le cœur est atteint par le dangereux poison de l'amour, préférablement à celle, qui possède encore le précieux trésor de l'innocence et de la paix. Il aura plus ou moins d'égard à l'âge, selon que le parti qui se présente, sera plus ou moins difficile à retrouver. Enfin, il ne se décidera jamais isolément, sur telle ou telle convenance particulière ; mais, eu égard à toutes les circonstances réunies, qu'il pésera dans sa sagesse.

Nous poserons donc pour maxime générale que, l'âge le plus convenable c'est celui où, le corps est parvenu au degré de force nécessaire, pour transmettre la vie, sans compromettre sa propre existence ; et où l'esprit a acquis assez de maturité, pour diriger avec sagacité ; mais que cependant ces considérations doivent, jusqu'à certain point ; être subordonnées aux autres circonstances.

La loi, m'objecte-t-on, fixe pourtant un âge déterminé. Elle donne indistinctement, à tous les individus des deux sexes qui ont 21 ans accomplis, la faculté de se marier, sans le consentement de la famille.

Il est palpable, que cela doit être nécessairement ainsi. En effet, le législateur ne peut statuer que sur les rapports généraux. Il est impossible qu'il entre dans tous les détails particuliers; ou même, qu'il les prévoie. Par conséquent, s'il voulait ne point généraliser, il serait obligé de s'en remettre, soit à la décision des pères; soit à celle d'un tribunal quelconque, toujours fortement influencé par eux; et les jeunes gens seraient, dans la jouissance du droit le plus sacré et le plus important de tous, livrés au caprice et à l'arbitraire. La loi, pour obvier à ce malheur, a donc sagement fixé une époque commune, où ils peuvent librement disposer de leurs personnes.

A la vérité, il arrivera que, quelques-uns feront de mauvais choix; et de cette manière, deviendront victimes de la favoir même de la loi : nous en voyons des exemples parmi nous, comme l'on en voit fréquemment en *Angleterre*, et particulièrement en *Espagne* et en *Italie*. C'est sans contredit, un très-grand mal ; mais, qu'il était impossible au législateur d'éviter, sans tomber dans un autre beaucoup plus grand.

Fin de la I. Section.

II. SECTION.

CE QUI EXCLUT LA FÉLICITÉ DU MARIAGE.

CHAPITRE XXII.

Des Caractères Malheureux.

Oh! combien ils sont à plaindre!.... Non seulement ils ressentent, cent fois plus violemment que les autres, les peines actuelles et inséparables de la vie : ils trouvent encore des maux là, où il n'en existe point. Leur imagination, fertile en mauvais présages, voit tout en noir; et, comme il n'y a aucun événement, auquel on ne puisse lier des circonstances fatales, ils mettent tout au pis.

Que dis-je? ce qui est pout tout le monde un sujet de joie et de réjouissances, est pour pour eux un sujet d'amertume.

Leurs chagrins sont formés de la publique joie (*).

(*) *Voltaire.*

Ils vont se forger des peines, jusques dans les circonstances qui devraient être, un motif de plaisir et de fête, pour eux personnellement.

En un mot, les caractères malheureux ne s'abreuvent que d'ennuis, de chagrins, de douleurs; et l'existence n'est pour eux, qu'un long et continuel supplice.

Il est évident que, des femmes de cette espèce, sont boudeuses, misanthropes, criardes, tracassières; et que leurs maris sont les plus malheureux des hommes.

C'est en vain qu'ils seraient doux, complaisans..... Fussent-ils des dieux! ils ne parviendraient jamais à changer de pareils caractères; pour peu qu'ils soient invétérés. Effectivement ces caractères sont le produit d'une certaine association d'idées, qui se réveillent sans cesse, se mêlent à tous nos jugemens, se refusent à toute raison; et dont on ne guérit pas plus que de la folie; puisqu'ainsi que le remarque *Locke :* ces faux jugemens, devenus *habitude*, c'est la folie même.

Quelle ressource en pareil cas, pour un

mari ?.... C'est ce que je laisse à penser. Quoiqu'il en soit, désormais il n'a plus rien à craindre; car, rien ne peut être comparé aux souffrances, qu'il endure actuellement.

Cependant, objecte-t-on, *Socrate* avait une femme acariâtre et revêche ; et il ne laissait pas d'être heureux..... — J'en conviens. *Xanthipe* était plutôt, pour ce grand homme, un sujet de triomphe et de gloire. Je me garderai bien, répondait-il à ses amis, d'écouter vos conseils, et de chasser ma femme; car, elle sert à exercer ma philosophie, et à me faire surmonter et vaincre, tous les maux qui peuvent me venir du dehors

Mais il faut considérer que, selon l'usage d'*Athènes*, *Socrate* avait encore une autre femme; qu'il avait de l'amour pour *Alcibiade*, et *Archélaüs*; et, qu'il vivait avec toutes les courtisannes. Enfin, *Socrate* était un véritable philosophe.

Je n'ai point le sot orgueil, de mettre de la partialité dans cette question; et de prétendre que, l'on ne trouve des esprits mal faits, que dans un sexe. Je sais fort bien, qu'ils appartiennent aux deux, ou, pour mieux dire : qu'ils sont un résultat de l'éducation, des circonstances; et qu'ils appartiennent à la faiblesse humaine. Néanmoins, le même amour de la vérité me fait soutenir que, dans l'un des sexes, on en trouve beaucoup plus que dans l'autre.

La conclusion de ce chapitre est que, lorsqu'on recherche un établissement, l'on doit fuir, plus que tout au monde, un caractère malheureux.

Mais, à quoi le reconnaître?.... à l'œil, à la composition des traits, au ton de la voix, aux discours, aux occupations; à tout, jusqu'aux moindres gestes; pour peu qu'on ait le tact exercé.

CHAPITRE XXIII.

Des Enthousiastes.

Un trop grand enthousiasme, est funeste dans tous les cas; même celui, où son objet est digne de nos feux. En effet, il remplit l'esprit d'idées exaltées, de perfections chimériques, qui n'existent point dans la nature. Il dépouille tous les objets, les dieux mêmes, de leurs attributs; pour en revêtir un seul objet. L'imagination d'un enthousiaste se crée une amante, belle comme *Cypris*, savante comme *Uranie*, parfaite comme *Minerve*. Les sens énivrés, l'esprit en délire: ils voient distinctement, toutes les qualités de leur déesse. Ils ne forment qu'un vœu: c'est, de la posséder à l'instant, pour toujours!.... Hélas! quelle est leur erreur! que devient leur divinité, après quelques mois de possession! comme elle perd incessamment à leurs yeux, les sublimes qualités qui la plaçaient sur l'*Olympe!* Quelles suites!.... FONTENELLE avait donc raison de dire : qu'*un grand obstacle au bonheur, c'est de s'attendre à un trop grand bonheur.*

Que si dans mes illusions, je ne m'écarte point trop de la nature : le résultat est bien opposé! le tems, au lieu de diminuer le prix de mon épouse, me fait chaque jour découvrir en elle, de nouvelles qualités; et me la rend plus chère. Elle n'est point un être idéal, qui disparait, à mesure que j'en approche. Ce n'est ni *Vénus*, ni *Junon*, ni *Minerve* : j'aurais trop à rougir, si elle était sans défaut;

Et je fais peu de cas de tout être parfait (*).

Mais, elle est un objet digne de ma tendresse, et de tout mon amour. Elle est un second moi-même, qui me fait toujours goûter le bonheur.....

(*) *J. J. Rousseau.*

CHAPITRE XXIV.

De la Jalousie.

Si l'affreuse jalousie, dit THOMPSON, *répand son fiel dans le cœur d'un époux, ou d'un amant : adieu belles perspectives, lits de roses, bosquets délicieux! un essaim d'erreurs et de craintes, l'environnent; un monde de rivaux fantastiques et hideux, attachés aux charmes dont il est éperdu, le rongent et le consument de rage.*

La jalousie est encore la plus féroce de toutes les passions. Elle porte à tous les excès : elle commande le suicide et le meurtre! C'est la jalousie, qui teint *Leucade*, du sang de l'infortunée *Sapho!* c'est elle, qui inspire à l'amant d'*Andromède*, l'assassinat de *Persée!* c'est elle, qui plonge dans le cœur de *Zaïre* et de *Pyrrhus*, le poignard dont *Orosmane* et *Hermione*, percent ensuite leurs propres seins! c'est elle enfin, qui fait de *Thébé*, le meurtrier de son époux; et de *Médée*, le bourreau de ses enfans!....

Improbe amor, quid non mortalia pectora cogis (*)!

Cette passion est d'autant plus funeste, qu'en supposant des crimes qui n'existent pas, souvent elle en donne l'idée, et les fait naître.

On évitera ce tigre, en se répandant peu au-dehors. C'est au sein des sociétés, c'est dans les grandes réunions, que germent les passions les plus terribles. C'est en se suffisant à soi-même, qu'on en reste dégagé.

Mais, comment guérir de la jalousie, quand le trait est lancé?.... Il en est à cet égard, comme des phantômes que nous montre notre imagination, lorsque nous sommes dans les ténèbres. Si l'on marche droit à l'objet : le phantôme s'éclipse; et l'on est tout étonné, de ne trouver à la place, qu'un *arbre* ou une *pierre*. Cependant, sans cette vérification, nous aurions

(*) *Cruel amour! quels sont les forfaits, que tu ne fais point commettre!* VIRGILE.

toujours cru voir des *Spectres*. Eh bien, agissez de même ! Avez-vous des soupçons? dites-les : expliquez-vous amicalement ; marchez droit à l'objet ! souvent, vous rirez de votre simplicité ; et la réconciliation sera toute, au profit de l'amour. Si vos doutes avaient quelque fondement? l'avantage est encore plus palpable ; puisque cet avis rappellera aisément au devoir, tandis que le mal n'a pas encore fait de grands progrès.

Que si vous tenez une conduite différente? les objets grossiront incessamment dans votre imagination ; et bientôt, comme au fond des ténèbres, de toutes parts, vous ne verrez plus que des *monstres* ! Le moyen alors, de revenir à la raison? au contraire, plus on emploiera d'efforts pour vous détromper, et plus vous croirez que l'on vous trompe.

Sur-tout maris ! qui voulez guérir vos épouses de cette maladie funeste : bannissez toute démarche mystérieuse ! le seul remède efficace : c'est d'agir franchement, et sans détour.

CHAPITRE XXV.

De la Coquetterie.

La coquetterie est le plus cruel tyran des femmes. Elle va les chercher, pour ainsi dire, au berceau, pour ne les quitter jamais.

Toute femme aime à plaire : c'est là le fondement de sa puissance. Or, la parure est un des moyens pour y parvenir : elle est donc une conséquence de la nature des choses même; et, quoiqu'on en dise, l'on ne parviendra pas plus à détruire dans les femmes, l'amour de la parure : qu'on ne parviendra à déraciner en elles, le désir de captiver.

Aussi, la coquetterie embrasse tous les tems et toute la terre. A compter de la première femme, jusqu'à ce jour; et depuis les *Papous* jusqu'à *Fernambouc*; depuis les *Patagons*, jusqu'en *Groënland* : tout est soumis à son empire.

Si les *Européennes* se fardent de blanc

et de rouge : les femmes de l'*Asie*, et les *Africaines*, pour relever leurs appas, se barbouillent la figure, et toutes les parties du corps, de bleu et de jaune; et dans le pays des *Amazones*, elles suspendent aux narines, des plumes et des os de poissons.

Le Jésuite LOUIS HENRIQUEZ, voudrait même étendre les limites de la coquetterie, jusqu'en Paradis : *les Anges*, dit-il, *s'habilleront en femmes, et paraîtront devant les Saints, avec des cheveux frisés, des jupes en vertugadins, et le linge le plus riche. Les Dames seront parées, et leurs petits mignons d'enfans, avec des rubans et des coiffures, comme en cette vie* (1).

Il serait donc à-la-fois impossible, ridi-

---

(1) Ceci me rappelle, ce passage d'un prédicateur de *Bordeaux*, cité par HELVÉTIUS : il débitait gravement en chaire, qu'au seul son de l'argent qui tombe dans le bassin, et qui fait *tin*, *tin*, *tin*, toutes les âmes du *Purgatoire* se prennent tellement à rire, qu'elles font : *ha*, *ha*, *ha*; *hi*, *hi*, *hi*, *hi*..... *Risum teneatis* !....

cule et absurde, de vouloir bannir la coquetterie; et il ne peut s'agir que de la *modérer*. Mais, cette modération est absolument nécessaire.

En effet, si un mari faible écoute tous les caprices de sa femme, et les satisfait : sa fortune, quelque considérable qu'elle soit, s'épuise; et tôt ou tard, l'amour de la coquetterie fait le malheur de toute la famille.

Si les moyens ne le permettent point? nuit et jour, la coquette est dévorée de regrets et d'ennuis. A son compte, elle est la plus malheureuse des femmes; et elle l'est véritablement.

Que si le mari s'oppose? c'est bien une autre affaire : il ne l'aime point, et devient à ses yeux, un tyran abominable.

J'ai connu des femmes, tourmentées par cette passion. Il ne leur manquait rien, pour être heureuses; et cependant, elles ne jouissaient pas d'un bon moment. Une table abondante et saine; des vêtemens, sinon magnifiques, du moins riches et propres; une fortune qui les mettait à même de se procurer les plaisirs honnêtes. Enfin, elles possédaient tout ce qui est nécessaire au bonheur, et elles étaient misérables; tant il est vrai que, les besoins *factices* et d'imagination, se font plus vivement sentir et nous affligent davantage, que les besoins *réels*. Tant il est vrai aussi, comme dit LOCKE, que *la félicité ou la misère des hommes, vient d'eux-mêmes.*

Le dirai-je? j'ai connu des femmes, qu'un extrême amour de la coquetterie, a rendues entièrement folles!

Il en est qui, à l'exemple d'*Eriphile*, sacrifieraient leurs amans et leurs maris, pour un *colier d'or*!.... Que l'on vante encore la supériorité de la raison humaine!....

D'un autre côté, quel est le sort du mari? S'il a de l'esprit? quoi de plus insipide, que d'entendre toujours parler de rubans et de colifichets? S'il aime sa femme? combien il souffre pour elle!....

Il résulte de tout ceci que, la femme doit aimer la parure en ce sens, qu'elle doit chercher à plaire; mais que, la coquetterie poussée à l'excès, est sous tous les rapports, un des plus cruels fléaux du mariage.

CHAPITRE XXVI.

De l'Ivrognerie.

Bacchus est le bienfaiteur des hommes.

Des amans malheureux, il charme les douleurs (*).

Il suspend les tortures de l'avarice et de l'ambition ; dérobe à l'infortuné, la connaissance de sa misère. Il rappelle même les états à leur égalité primitive ; et fait de l'homme le plus nul, et le plus pauvre : le mortel à-la-fois le plus puissant, le plus riche, et le plus heureux. — Il donne aussi de l'esprit, de l'éloquence, du courage. --- En un mot, *Bacchus* est venu habiter parmi les hommes, pour adoucir les peines de l'humanité ; et je demande avec HORACE : *quels sont les miracles qu'il ne fait pas tous les jours ?*

(*) *Destouches.*

Cependant, il n'existe sur la terre, aucun bien sans inconvénient ; et le vin, cette liqueur divine, qui produit des effets si merveilleux : cause aussi les maux les plus terribles.

Pour une seule parole, elle engendre les disputes, provoque en duel, et plonge l'arme meurtrière dans les flancs, souvent d'un ami. Elle ruine les familles, et rend l'homme plus méprisable que la brute. Elle arrache du cœur du mari, l'image de son épouse, et l'entraîne dans un lieu de prostitution. Elle préside à l'horrible banquet, où la femme souille la couche nuptiale. Elle conduit le père, dans le lit de ses filles ; et le fils, dans le lit de sa mère ! Elle dicte les proscriptions des *Marius* et des *Sylla*. Elle aiguise le poignard des *Tibère*, des *Néron*, des *Domitien*, des *Caracalla*. Elle crée enfin, les parricides et les monstres de toute espèce. *La cruauté*, dit SÉNÈQUE, *vient presque toujours à la suite du vin. Il aigrit et envenime l'âme la plus saine.*

C'est donc avec raison, que *Bacchus*

est représenté, avec des cornes de bouc à la tête ; et assis sur un char, traîné par des panthères et des tigres.

Ainsi, les choses les plus salutaires par elles-mêmes, si nous en faisons abus, deviennent autant de poisons. N'oublions donc jamais cette maxime de VOLTAIRE :

La modération est le trésor du sage.

Les *Lacédémoniens* détestaient tellement l'ivrognerie, qu'aux jours de fête, en présence de tout le peuple, les magistrats faisaient entrer en scène des hommes ivres; afin que l'affreux spectacle des excès auxquels ils se portaient, servit de préservatif, à quiconque aurait du penchant pour ce vice. Les *Athéniens* punissaient doublement, les délits commis dans l'ivresse. A *Rome*, une femme qui avait bu du vin, pouvait être condamnée à mort, par son mari. Un précepte exprès de l'*Alcoran*, en défend l'usage aux *Mahométans*. L'on a vu une pareille loi en *Moscovie*, et chez les *Rhécabites*. *L'injure la plus atroce*, dit BAYLE, *qu'on puisse faire à un Espagnol, c'est de l'appeller ivrogne.* Enfin, par toute la terre, excepté quelques *Sauvages*, et certains peuples méprisables, tels que *Formose* : l'ivrognerie a toujours été en horreur.

Pour terminer : le moindre inconvénient de l'usage immodéré du vin, c'est d'abrutir, et priver un homme de cette sensibilité, de cette aimable délicatesse ; sans lesquels la vertu même, n'a point le même prix.

Conséquenment, de toute manière, un homme adonné à cette passion, est indigne de la main de *Sophie*.

CHAPITRE XXVII.

Des Libertins.

J'étais homme, et j'ai péché.

J. J. ROUSSEAU.

Si un père doit refuser sa fille à un libertin ? cela ne peut souffrir la moindre difficulté.

Mais, ceci conduit à une autre question : excluera-t-il aussi ceux, qui ont été libertins ? cette demande vaut sans doute deux mots d'examen.

Par une fatalité attachée à la nature humaine, il semble que, tous les hommes soient condamnés à passer par le temple de la folie, pour parvenir à celui de la raison ; et que ce n'est, qu'après avoir erré quelque tems, dans les bosquets de *Sybaris*, qu'ils arrivent enfin aux pieds du vrai dieu d'amour. *O malheureuse jeunesse* ! s'écrie le héros de FÉNÉLON : *ô dieux ! qui vous jouez cruellement des hommes ! pourquoi les faites-vous passer cet âge, qui est un tems de frénésie, ou de fièvre ardente* !

Eh ! le moyen, au milieu de la tourmente de toutes les passions, de ne point les éprouver à son tour ! comment, lancé sans gouvernail et sans force, sur une mer orageuse et pleine d'écueils, ne point faire une fois naufrage ? Le prétendre, serait étrangement se méconnaître ; ou prouver, que l'on est constamment demeuré dans cette indolence, dans cet état d'apathie, qui tient du sauvage et de la brute ;

mais, qui est si éloigné de l'état social! Ce n'est que, lorsque nous sommes éclairés par l'expérience, que nous trouvons un guide en nous; encore, même alors, ce guide est-il souvent en défaut.

Il est donc écrit dans le livre des destins que, tout homme payera son tribut à la folie; et par conséquent, celui qui n'acquitte pas sa dette avant, l'acquittera durant le mariage. Or, quelle différence! et, s'il faut opter?....

D'ailleurs, nous ne jugeons des choses que par comparaison. Si nous neconnaissions point le vice, nous n'aurionsaucune idée de la vertu. Si nous ignorions les horreurs du libertinage, nous n'apprécierions jamais les délices et la sublimité du véritable amour.

Que si nous jettons un coup-d'œil sur la société: par-tout, nous trouvons la vérité et l'application de ces principes. Quoiqu'en puisse dire *Richardson*, c'est les *Bolingbrocke* et les *Helvétius*, qui deviennent les meilleurs des maris, et les plus aimables: leurs épouses, sont les plus heureuses des femmes; tandis que les célibataires les plus tranquilles et les plus chastes, deviennent les maris les plus insupportables, ou les plus débauchés.

Que l'on ne m'accuse point, de favoriser le libertinage; puisqu'en commençant, j'ai donné l'exclusion à tous les libertins; et que je ne leur ouvre le temple d'hymen, qu'après que, revenus de leurs égaremens et pénétrés de répentir, ils sont plus dignes d'y entrer.

Je sais bien aussi, qu'il est des êtres qui, pour avoir trop long-tems croupi dans la fange, sont à la fin totalement gangrénés et incurables, tant au moral qu'au physique. Pour ceux-ci, l'habitude est devenue une *seconde nature*; et à moins de ces circonstances rares, et propres à opérer une révolution subite, ils resteront débauchés toute leur vie. Je crois m'être assez clairement expliqué à leur sujet.

Aucun homme honnête et sage, n'encouragera jamais le vice. Mais, connaissant les faiblesses de l'humanité, il est indulgent, et passe l'éponge sur toutes les erreurs momentanées, je dirai même *involontaires*, qui ne peuvent entraîner de suites facheuses. *Ces hommes si parfaits*, disent les d'ALEMBERT, les HELVÉTIUS, *et qui ne commettent jamais de faute : sont des imposteurs, ou des imbécilles; dont il faut également se défier.*

CHAPITRE XXVIII.

Du Jeu.

L'amour du jeu est une rage, qui dessèche et dévore. Entrez dans une académie, considérez attentivement certains joueurs : vous les verrez l'œil fixe, et respirant à peine, à chaque coup de dez ou de cartes, changer de visage; faire des lamentations; passer alternativement de la plus vive joie, à la plus excessive douleur; se porter aux plus violens excès; selon qu'ils sont favorisés ou maltraités du hasard. Il en est, que vous diriez des criminels, à qui l'on prononce leur arrêt. C'est ce que

DESPRÉAUX exprime énergiquement, lorsqu'il dit, qu'un joueur

Voit sa vie ou sa mort, sortir de son cornet.

Il n'est donc pas douteux que, cette passion n'altère extrêmement la santé, ne gâte le caractère, n'engendre des querelles, et trouble la paix du ménage.

Le jeu n'est pas moins funeste, sous le rapport de l'intérêt. Un joueur n'a jamais une fortune à lui. Aujourd'hui, il possède des monceaux d'or : demain, il n'a plus de quoi payer son diner. S'il gagne, plus hardi, il veut gagner davantage, et continue de jouer, jusqu'à ce qu'un revers lui enlève tout. S'il perd, il s'entête à vouloir regagner ce qu'il a perdu : il double, triple, centuple sa mise, et finit par perdre tout ce qu'il a. Ainsi, le jeu est en dernier résultat, la ruine de ceux qui s'y livrent, et le malheur de leurs femmes et de leurs enfans.

Sans doute, quelques individus obtiennent les faveurs de l'aveugle déesse. Mais, l'on ne veut pas considérer que,

S'il est quelque joueur qui vive de son gain,
On en voit tous les jours mille mourir de faim. (*).

Quel est donc l'homme sensé, qui voudra courir une chance, en même-tems aussi incertaine et aussi désastreuse?

Enfin, le jeu absorbe entièrement les facultés de l'âme, la rétrécit, et rend incapable de rien de grand. Que dis-je? un joueur néglige tout, et n'est propre à rien du tout.

Mais, a-t-on bien calculé, jusqu'où peut conduire le désespoir? quelles sont les idées qui frapperont cet homme, tout à l'heure si riche, et actuellement si misérable? ce père de famille, qui laisse sa femme et ses enfans dénués de tout? ce dépositaire infidèle, qui vient de jetter dans le gouffre, les sommes qui lui étaient confiées? Combien en a-t-on vu se donner la mort! qui sait, s'ils ne méditent pas déjà des vols et des assassinats! hélas! il n'est que trop vrai que, *la misère est la source des plus grands crimes!....*

(*) *Regnard.*

Quand donc la loi rendue au sujet des jeux, par les *Quakers* et *Mahomet*, deviendra-t-elle universelle?....

En attendant cette heureuse conjoncture, un père sage se gardera bien de donner sa fille à un joueur. Autant vaudrait la donner à un homme, sujet à la fantaisie de jetter son argent par les fenêtres.

Fin de la II. Section.

III. SECTION.

MOYENS DE FIXER LE BONHEUR DANS LE MARIAGE.

CHAPITRE XXIX.

Fécondité.

Aussi terrible est le signal de la fécondité dans le célibat, aussi enchanteur il est dans le mariage. A cette heureuse nouvelle, tout est dans la joie. Le mari est au comble de ses désirs. L'épouse est fière, de lui donner un gage de son amour. La famille entière se réunit, pour célébrer un jour si fortuné.

La sphère du bonheur des deux époux s'étend, et ils sont tout étonnés des nouvelles jouissances qu'ils éprouvent. Avec quelle tendre sollicitude le mari, ne cherchet-il point à prévenir, tous les besoins de sa chère compagne ? avec quel empressement, il court au-devant de ses moindres désirs? de combien de caresses il tâche d'adoucir, les peines qu'il en coûte pour devenir mère? tel l'on voit le jeune ramier, s'empresser plein d'amour, autour de sa colombe fidèle; et par mille baisers, mille aimables caresses, la dédommager des privations qu'exige la naissance de leurs petits.

Cependant, le terme fatal approche. L'heure sonne. O douleur! quels cris perçans retentissent! quel spectacle cruel, pour les âmes tendres! un être sensible, aux prises avec la mort, pour transmettre la vie! une épouse adorée, sur le bord du tombeau!.... La pitié, l'effroi, la consternation, se peignent sur tous les visages. L'époux est plongé dans le plus morne désespoir! la nature se couvre d'un crêpe lugubre, et frémit!.... Mais, quel est ce nouveau spectacle? par quel enchantement passe-t-on subitement, de la plus grande consternation, du plus profond désespoir, à la plus vive allégresse? comment la mère, dans le même instant, passe-t-elle de l'extrême douleur, à l'extrême félicité ? par quel miracle, ce faible enfant qu'elle presse contre son sein, lui enlève-t-il toutes ses souffrances ; pour ne plus jouir que de son bonheur ? *Oh, nature ! quel est ton empire* !.... Mais, comment peindre les sentimens du père ? quelles étreintes délicieuses, au premier cri de l'enfant ! quel délire, quand sa bien-aimée lui dit : *Tiens, voilà ton fils* ! comme il dévore successivement de baisers, et la mère et lui ! Dites, hommes sensibles, quelle touche il faudrait, pour tracer dignement un pareil tableau ! ou plutôt, ô *Corrège*, et *Raphaël* ! avouez votre impuissance ! et vous, sublime *Anacréon*, divin *Pindare* ! brisez vos lyres !..... il faut ici le cœur d'un père ou d'une mère, pour sentir.....

Jusqu'ici, nos deux époux n'étaient que cela : actuellement, qu'ils ont donné un membre à la cité, ils ont acquis les titres les plus respectables qui existent : ceux de père et de vrais citoyens. Et, l'accroissement pour eux, de l'estime publique, les rend plus dignes à leurs propres yeux.

Mais, combien le gage de leur amour,

ne resserre-t-il pas les nœuds de leur union ?.... Il est formé de la moitié du corps et de l'âme de chacun d'eux : il est plus eux, qu'ils ne le sont eux-mêmes; et, depuis qu'ils sont trois, ils sont plus *un*.

Heureuse épouse ! si votre ami pouvait assez méconnaître ses vrais intérêts, pour devenir inconstant, et se fuir lui-même : présentez-lui ce gage précieux de votre tendresse mutuelle ! il dira mille fois plus à son cœur, par sa seule présence, que tout ce que vous pourriez imaginer. Présentez-le ! et aussitôt, votre époux sera à vos pieds. — Et vous, mari fidèle ! si votre compagne pouvait oublier le serment qu'elle a fait : montrez-lui le fils qu'elle vous a donné ! à l'instant, elle redeviendra épouse et mère..... ou, pour mieux dire, il l'empêchera de cesser de l'être.

Non-seulement la paternité unit plus étroitement deux époux, et fortifie leur amitié : elle est encore une source de plaisirs continuels, par les devoirs même qu'elle leur impose. Quelle jouissance pour eux, d'élever leur enfant chéri ! de voir fructifier leurs soins et leurs leçons ? de faire un être pensant et vertueux ? en le mettant au monde, ils n'ont que donné la vie ; qu'augmenté l'espèce d'un individu qui, livré à lui-même, ne serait qu'un animal. Par l'*éducation*, ils lui donnent une âme, et deviennent une seconde fois créateurs. *Les enfans*, disent LOCKE, HELVÉTIUS et ROUSSEAU, *sont tout ce qu'on les fait être* (1). C'est une cire molle, que l'ouvrier façonne à sa volonté. Ainsi, dans une éducation bien conduite, le père et la mère peuvent donner, telle impression qu'ils veulent, à l'âme de l'enfant : ils peuvent entièrement lui imprimer la leur. Auparavant, il était bien déjà un autre eux-mêmes ; mais, plus physique que moral : actuellement, il est à-la-fois l'un et l'autre ; et, de tous les sentimens propres à unir les hommes, et à

(1) Nous traitons les *Chinois* de barbares ; parce-qu'un père y est puni pour les fautes de ses enfans ; mais je soupçonne que, ce pourrait bien être nous, qui fussions les barbares.

les rendre heureux : il n'en est pas de plus solide, ni de plus puissant que celui-là.

Enfin, par la fécondité les époux s'ouvrent une carrière, dont la perspective les rassûre pour le tems à venir. Ils donnent naissance à de jeunes plantes qui, croissant et se fortifiant sous leurs auspices, promettent un jour elles mêmes, un ombrage salutaire à leur vieillesse.

La fécondité est donc, en même-tems, le lien qui unit le plus intimement deux époux; et une source de félicités inépuisables.

CHAPITRE XXX.

Conduite que doit tenir une Femme prudente.

Le lot commun à l'humanité, c'est la faiblesse; et l'homme le plus fort, est seulement le moins faible. Sans cesse, nos passions sont aux prises avec la raison, et leur voix est presque toujours la plus impérieuse.

Si la lutte est si inégale, il faut donc se défier d'un ennemi si puissant, en évitant le plus qu'on peut, sa rencontre. C'est en quoi consiste toute la sagesse humaine. *La vertu*, dit ROUSSEAU, *ne nous coûte que par notre faute; et si nous voulions être toujours sages, rarement aurions-nous besoin d'être vertueux*; (1).

Femmes! qui voulez rester fidèles à vos devoirs: retranchez-vous au milieu de vos attachemens! serrez-vous autour de vos époux et de vos enfans! l'ennemi ne sera point assez audacieux, pour y venir présenter le combat.

En effet, quel est l'homme assez corrompu, pour ne pas être pénétré d'un saint respect en voyant, au milieu de sa famille, une femme, remplir religieuse-

---

(1) *Rousseau* regardait cette maxime tellement importante, qu'il la répète sous toutes les formes, dans tous ses ouvrages. *Richardson*, ne cesse de faire sentir, dans son *Chef-d'œuvre*, que tous les malheurs de son *héroïne* ne viennent que d'une seule *imprudence*.

ment ses devoirs? une épouse, aimer et respecter son chef? une mère, occupée à l'éducation de ses enfans? quels objets! quels titres!.... Je suppose, qu'il soit entré avec des desseins criminels : une voix secrette ne lui criera-t-elle pas : *Malheureux, fuis! et n'empoisonne point, par ton souffle impur, le bonheur d'un être si digne d'hommages! fuis! ou le chatiment est prêt!....*

Que s'il est insensible aux charmes de la vertu, et qu'elle n'ait plus d'empire sur lui : il sera du moins retenu par la difficulté, ou l'impossibilité du succès.

Enfin, s'il ose?.... il sera aussitôt vaincu, qu'il aura attaqué.

CH PITRE XXXI.

Continuation.

Un second moyen pour une femme, de triompher d'elle et des autres c'est, de n'avoir jamais de *secret* pour son mari. Il faut qu'il soit le confident de toutes ses actions. En se conduisant ainsi, elle le met à portée de lui donner des forces contre elle-même, et d'empêcher les passions de prendre racine.

Si donc quelque vil corrupteur tente de la séduire : qu'elle ne marchande point ; mais, qu'elle en prévienne sur-le-champ son époux. Je réponds qu'alors, malgré tous les pièges qu'on pourra lui tendre, elle restera toujours vertueuse.

Que si elle se conduit autrement ? elle est déjà une femme perdue ; et sa chûte est seulement différée.

Dans les commencemens de son mariage, *Aminte*, jeune et belle, fut recherchée par une foule d'adorateurs. Tous se pressaient sur ses pas, pour l'encenser et la séduire ; mais, elle eut la sagesse d'avertir son mari, de leurs manœuvres. Elle poussa le scrupule jusqu'à exiger absolument, qu'il décachetât lui-même toutes ses lettres. De cette manière, instruit de tout, *Florimond* fut en état de prendre les mesures nécessaires ; et cette charmante épouse, au lieu de sa seule sagesse, de sa seule force, eut encore celles de son époux, qui l'en aimait davantage; ou, pour mieux dire, qui l'adorait. Conséquemment aussi, elle eut encore par-dessus tout, un pouvoir invincible, contre lequel aurait échoué le plus beau et le plus artificieux des mortels : leur *amour réciproque*. Ces époux fidèles, coulaient des jours d'*or* : ils goûtaient la félicité suprême.....

Hélas! leur bonheur était trop grand, pour ne pas avoir un terme. *Aminte* perdit sa vertu, par un excès de vertu même. Croyant désormais pouvoir se reposer sur ses propres forces; et, voulant épargner à son bien-aimé, des détails qu'elle craignit l'affliger : elle discontinua de l'instruire des nouveaux pièges qu'on lui tendait. L'omission de ce devoir si essentiel, l'entraîna insensiblement d'oubli en oubli; de faute en faute; bientôt, elle se trouvait trop avancée, pour revenir à ses premiers principes; enfin, ce ne fut que, lorsque sa perte était consommée sans remède, qu'elle reconnut toute son imprudence, et l'horreur du précipice.....O vains regrets, ô désespoir! femme malheureuse! où t'a conduite ta fausse vertu? tu as quitté le chemin de la sagesse, et tu as péri! du sein du bonheur, tu t'es précipitée dans un éternel abîme de misères!....

CHAPITRE XXXII.

Combien la société de certaines femmes est dangereuse.

Les hommes ne sont point seuls à craindre. C'est dans leur propre sexe que, les femmes trouvent les écueils les plus redoutables; et j'ose dire, qu'il n'y a pas de plus dangereux ennemi pour les femmes, que les femmes même.

Un homme cherche sans doute, à vaincre la résistance de l'objet de ses désirs, et à triompher de sa faiblesse; mais, il n'emploiera que les moyens nécessaires pour arriver à ce but. Les femmes au contraire, jalouses d'une vertu qu'elles n'ont plus, font mouvoir tous les ressorts imaginables pour corrompre à-la-fois, le cœur et l'esprit; et leurs conseils sont d'autant plus pernicieux, qu'ils sont donnés avec plus d'art, de perfidie; et paraissent moins intéressés. Milords *Belford* et *Oswald*, font bien tout ce qu'ils peuvent, pour posséder l'aimable et vertueuse *Emma*; mais, l'infâme *Hotham* seule, était capable de former le projet infernal, de pervertir son cœur, et d'en faire une prostituée!

Il est aussi des femmes qui, soit qu'elles aient été trompées; soit, qu'étant surannées, ou désagréables, et ne trouvant ni maris ni adorateurs: se déchaînent contre tout le genre humain. Il semblerait que, parce qu'elles n'ont pas le don de plaire, et que les hommes dédaignent leurs faveurs; ils soient tous des monstres.

Jeune Epoux! c'est de ces harpies, qu'il faut préserver votre bien-aimée. Rien n'est plus à craindre. Leur souffle est une peste, qui flétrirait son innocence, ses charmes, et vous donnerait infailliblement à tous deux, la mort.

CHAPITRE XXXIII.

Moyens de fixer un Mari.

La femme est sans contredit, la plus belle et la plus aimable de toutes les créatures. Elle est la reine et l'âme de l'Univers. Mais aussi, de toutes les créatures, la femme exige le plus de propreté. *Il n'y pas au monde*, dit ROUSSEAU, *un objet plus dégoûtant qu'une femme malpropre; et l'homme qui s'en dégoûte, n'a jamais tort.*

Quelles en sont les suites?.... le mari va trouver des objets plus attrayans, et leur voue l'affection, qu'inspirent ceux qui satisfont nos désirs. Dès-lors, plus d'amitié entre lui et sa femme; et le mariage, loin d'être le temple du bonheur, n'est qu'un insupportable lien, qui les gêne dans leurs jouissances réciprôques. La propreté est donc une qualité extrêmement essentielle.

Une qualité non moins essentielle, c'est la douceur. *A moins qu'un mari ne soit un monstre*, dit le même philosophe, *la douceur d'une femme le ramène, et triomphe de lui tôt ou tard.*

Une chose sur-tout, attache singulièrement les maris : c'est, quand les femmes veulent bien être entièrement mères, et nourrir leurs enfans. Mais, qui oserait écrire sur ce sujet, après l'*Emile* ?

Il paraît que, les raisons et l'éloquence de cet écrivain célèbre, ont persuadé ; puisque l'on voit beaucoup plus de femmes que jamais, allaiter elles-mêmes leurs enfans. Je me permettrai pourtant de dire que, la *possibilité* doit être la première règle, et la base de tout.

Je pourrais citer mille autres choses qui attachent, et qu'une femme sage ne doit jamais négliger : tels les égards, les soins, les attentions, les complaisances; qui agissent infiniment plus sur l'âme, qu'on ne se l'imagine. Mais sur tous ces objets, et sur certains qui ne se disent pas, le seul instinct et le sentiment, en inspireront plus à une femme bien née, que tous les livres.

CHAPITRE XXXIV.

De l'Absence.

Un amant peut, et doit même s'absenter de sa maîtresse : un mari, jamais. L'absence est pour le premier, une espéce d'épreuve ; mais dans le mariage, il n'y a plus d'épreuve à faire. La prudence exige au contraire, que le mari ne perde jamais sa femme de vue ; à plus forte raison, ne doit-il pas s'en éloigner, et l'abandonner ainsi à elle-même.

On sait que la chair est fragile quelquefois (*).

C'est à l'éloignement d'*Eve* que MILTON, dans son *paradis perdu*, attribue le pouvoir du *serpent*, et la chûte de notre mère commune. *Pourquoi*, lui dit ADAM, *n'es tu pas demeurée avec moi, comme je t'en priais ? nous ne serions pas dépouillés de tout, honteux, nuds, misérables....*

(*) *Molière.*

A la vérité *Pénélope*, selon la renommée, resta fidèle ; malgré la longue absence d'*Ulysse*, et malgré ses nombreux adorateurs : aussi, toute l'antiquité admira sa vertu, et nous l'admirons encore aujourd'hui ; mais cela même, prouve en ma faveur.

Si l'absence est dangereuse à l'égard des femmes, elle ne l'est pas moins à l'égard des maris ; et l'on peut dire que, s'il *y* a beaucoup d'*Eves*, il y a encore plus d'*Arsaces*.

La question de l'éloignement des époux, parut si importante, qu'on la fit valoir dans le sénat de *Rome*. Les discours prononcés pour et contre, sont rapportés par TACITE : *Cécina* voulait, que l'on défendît aux hommes, d'emmener avec eux leurs épouses, dans leurs gouvernemens. Cet orateur déploya toute la force, toute la magie de son éloquence, pour faire passer ce décret. *Messalinus* et *Drusus*, étaient d'un avis contraire. Ils objectaient entre-autres, la faiblesse du sexe ; et l'imprudence, le danger imminent, de laisser les femmes seules, et en butte à toutes les tentations. Leurs raisons prévalurent, et la proposition de *Cécina* fut rejettée.

Mais, dit-on, la jouissance continue rassasie; et ce n'est qu'en y mettant des intervalles, par des absences, que l'on évite cet inconvénient.

Je trouve qu'il est un autre moyen, tout aussi efficace; et qui a cela de particulier, qu'il n'entraîne aucun danger. *Usez, mais n'abusez pas : ne forcez jamais la nature; et jamais, vous n'aurez la satiété à craindre.* L'attrait du plaisir est trop puissant, pour ne pas opérer toujours, si l'on observe cette prudente modification. Voit-on dans les animaux, les mâles se dégoûter des femelles?....

Que si cependant un voyage est indispensable, et qu'il soit de quelque durée? imitez alors les sages *Romains;* et, s'il est possible, emmenez votre épouse avec vous.....

J'entends l'orgueil et l'hipocrisie, s'écrier au scandale !.... Peu m'importe ! pourvu que je dise une vérité utile.

CHAPITRE XXXV.

Relations d'autorité, entre le Mari et la Femme.

Il faut que dans toute société, il y ait un pouvoir régulateur et prépondérant; sans quoi, il serait de toute impossibilité qu'elle se maintînt. En effet, si chacun pouvait agir à sa fantaisie; et qu'en cas de partage, aucune voix ne prévalût : il n'y aurait plus d'accord, ni d'ensemble; conséquemment point de force; et la société serait dissoute de fait.

Or, qui des deux commandera ? est-ce le mari ? sera-ce la femme ? — ni l'un ni l'autre : la raison seule. Mais, si l'on me demande, l'avis duquel doit prévaloir ? je réponds : celui de l'homme.

Et pourquoi la femme doit-elle céder ; plutôt que le mari ?.... Que d'autres aillent chercher leurs preuves dans les livres sacrés, ou dans les absurdités de la *Théo-*

logie (1)! Pour moi, je puiserai les miennes dans une source, à l'usage de toutes les sectes, et de toutes les nations. Je dirai donc, que la nature paraît le vouloir ainsi :

1°. Elle a créé la femme plus faible. Est-ce à celui qui ne peut faire respecter ses ordres, à en donner?....—Beau droit, que celui fondé sur la force! — Non! malgré les sophismes de quelques publicistes; et en particulier, de *Hobbes* (2); jamais la force ne sera un droit à mes yeux. Loin qu'il en puisse naître aucune moralité, il n'en résulte que des inconvéniens sans nombre.

---

(1) Il faut remarquer que *Théologie* et *Religion*, c'est deux choses bien distinctes, et entièrement opposées : *C'est contre la Théologie*, dit BONNET, *que la religion doit combattre; et alors, chaque combat sera une victoire.*

(2) Tout l'Univers reconnaît la vérité de cette maxime :

La raison du plus fort, est toujours la meilleure.

Mais HOBBES va plus loin : il soutient que, *la force fait le droit.*

Elle ne doit donc être employée qu'envers les bêtes féroces. Mais, si la nature a créé le mâle plus nerveux et plus intrépide, afin qu'il pût secourir et défendre sa femelle : ne s'en suit-il pas implicitement, qu'elle s'en est aussi rapportée à lui, sur le choix des moyens ?

2°. Si elle avait voulu que l'avis de la femme prévalût, elle ne lui eût pas donné une destination qui l'empêche d'acquérir les connaissances nécessaires pour décider ; et qui l'empêcherait encore d'exécuter. Ses grossesses, ses maladies périodiques, l'allaitement de ses enfans, et le besoin continuel qu'ils ont de ses secours, absorbent tout son tems, et ne lui permettent pas de se livrer à autre chose.

3°. L'homme est doué de cet esprit, qui prévoit et sait diriger. Il est plus profond que la femme, et voit les choses plus en grand et de plus loin (1). La raison vient

(1) Cela ne contredit en rien, ce que j'ai dit, *I. Sect. Ch. XVII.* de ce livre ; car, je ne parle point ici, de la *perfectibilité* ; mais seulement de ce qui a lieu, en général, eû égard aux circonstances.

donc à l'appui des observations, fondées sur les rapports physiques; et tout prouve que, le mari doit être chef.

Enfin, l'on croirait que la nature, ingénieuse à multiplier ses preuves, aurait voulu les manifester, jusques dans les jouissances même des deux sexes; en donnant à la femme une place, qui marque la subordination.

S'il pouvait rester des doutes : que l'on examine un ménage, où l'homme est femme; et la femme, homme. Rien de stable, nulle énergie, tout est dans le désordre, la maison dépérit, et tous deux sont malheureux. En pareille circonstance, il me semble toujours, voir un *Claude* et une *Messaline*.

Ceci devient encore plus palpable, si l'on considère un peuple entier. Chez les anciens *Egyptiens*, les femmes commandaient aux maris; et leur autorité était même stipulée, par contrat de mariage : aussi ce peuple a-t-il toujours été faible, vicieux, abject, misérable; et subjugué, aussi souvent qu'attaqué; tandis que les peuples, où le sexe ne jouissait que de l'empire qu'il doit raisonnablement avoir : tels que *Rome*, *Sparte*, *Carthage* : ces peuples ont fait la loi à l'univers.

Cependant, si l'œil de l'homme embrasse un plus vaste horison : celui de la femme, discerne mieux de près. Elle a en partage plus de finesse, un tact plus délicat, et cet esprit de détail si nécessaire en économie. La nature a donc voulu mettre les deux sexes, dans une dépendance mutuelle : faire de la femme, la compagne de l'homme, son conseil, sa consolation, et non son esclave ; et elle a voulu faire de l'homme, l'ami de la femme, son soutien, son protecteur, et non son tyran. En un mot, la femme ne doit pas, comme en *Orient*, languir sous la verge despotique de l'homme ; et l'homme moins encore, comme chez les *Agiléens*, les *Egyptiens* et les *Sauromates*, croupir dans la servitude honteuse de la femme. Ils doivent être l'un, l'instrument du bonheur de l'autre.

Une dernière observasion c'est que, par

une singularité frappante, le plus faible se trouve être véritablement le plus fort; et, quelles forces que celles-là! où est le mari, qui puisse résister aux tendres agaceries, aux manières séduisantes de sa femme? où est le sage, à qui ses charmes ne bouleverseront par toute sa sagesse? l'âme féroce, qui ne sera point amollie (1)? le conquérant, le héros, qu'un coup-d'œil ne désarme point, et ne fasse tomber à ses genoux? que devint le terrible ACHILLE, sur les rives du *Scamandre*, à la vue de *Polyxène*? Enfin, pour me servir de l'expression d'un de nos poëtes: où est le *lion rugissant*, qui ne se métamorphose pas entre ses mains, en un *agneau paisible*?

Mais, par une bisarrerie non-moins étonnante, les femmes qui sortent de leur caractère, et veulent régner autrement

---

(1) ESCHINE rapporte qu'un marchand de moutons, nommé *Lisidès*, par le commerce qu'il eut avec *Aspasie*: de grossier et méprisable qu'il était, devint en peu de tems, un des hommes les plus aimables d'*Athènes*.

que par leur faiblesse et leurs charmes : celles-là ne feront jamais qu'obéir. Un *je veux* ! obtient, et doit avoir pour toute réponse : un *non* ! tandis qu'une soumission, accompagnée de quelques caresses, est un ordre plus impérieux, que ne pourrait en donner le despote le plus absolu. Heureux, les hommes qui sont les sujets les plus soumis, les plus esclaves ! ils sont aussi les mieux récompensés. Mille fois plus heureux encore, ceux qui n'obéissent qu'à dès souveraines, qui prennent toujours la raison pour guide !

CHAPITRE XXXVI.

Doit-on demeurer chez ses Parens, après le Mariage ?

Callomégas, jeune homme d'une fortune médiocre; devant le lendemain épouser une jeune *Lesbienne*, nommée *Amasys*; aimable, sage, et d'une fortune immense : remercia ; par la raison seule, que les parens voulaient qu'il s'engageât, pour lui et sa femme, à ne se séparer jamais d'eux.

Callomégas, eut-il tort? --- *Eh quoi! cela fait-il une question?* --- Mais les sages, que diront-ils? *Oh! cela ne fait pas une question.....*

L'on pourrait, outre l'intérêt des *époux*, faire valoir encore, ici, l'*éducation* des enfans; mais, l'on doit laisser suppléer certaines choses, à un lecteur judicieux.

CHAPITRE XXXVII.

Du travail.

Quoiqu'en disent *Platon*, le philosophe *Maupertuis*, et les *Hottentots* (1); le travail est un sujet de plaisirs toujours renaissans. Comme le tems bien employé,

(1) Le premier de ces philosophes, place le bonheur dans une vie purement contemplative: le second, regarde le travail comme une peine, attachée à notre espèce: les *Hottentots*, les *Caraïbes*, les *Tuscabaras*, et généralement tous les Sauvages, ont le travail en horreur, comme le plus terrible de tous les fléaux. Combien de *Tuscabaras*, parmi nous!

s'écoule rapide et précieux ! comme notre âme se maintient calme et satisfaite ! combien toutes les jauissanees sont mieux goûtées, mieux senties, par les personnes laborieuses !

D'ailleurs, qu'ai-je à craindre de la fortune, si je me suis fait une habitude d'appliquer mon esprit, ou, d'exercer mes bras ? quoiqu'il arrive, mon existence est toujours assurée ; et j'ai moins besoin des autres, qu'ils n'ont besoin de moi.

Enfin, le travail est indispensable à la santé. L'*exercice*, dit BACON, *est une des meilleures provisions pour le corps*.

Le désœuvrement engendre l'*ennui*, la *mollesse* et le *besoin*, qui, à leur tour, sont la cause des plus grands vices. --- Combien de femmes, devenues libertines ; d'hommes, libertins ; et qui seraient restés sages si l'ennui, en leur rendant leurs ménages insipides, ne les eût conduits dans des sociétés, oú leur vertu a succombé ? --- C'est au sein de l'indolence et de la mollesse qne *Xerxès*, le plus puissant monarque de l'*Asie*, promet une récompense, à celui qui inventera un nouveau plaisir. -- Que de crimes n'eussent jamais existé, s'il y eût eu moins de paresse; et par conséquent moins de misère !....

Ainsi, l'on peut dire que, le travail est une source intarissable et féconde de tous les biens; et le désœuvrement, l'origine de tous les maux (1).

Lycurgue a consacré ces principes, en assujetissant ses guerriers, à des exercices continuels. *Solon*, en déclarant l'oisiveté un crime. Les *Stoïciens*, en voulant que le sage mourût de bout. *Socrate* et *Aristote*, en plaçant le bonheur dans une vie active. LOCKE et JEAN-JACQUES, ont même outré les choses au point de faire, l'un, un menuisier de son *Emile*; et l'autre, un charpentier de son *Gentil-homme*.

Mais, la nature elle-même, ne nous donne-t-elle pas tous les jours, des preuves

(1) La *langue allemande* fournit une expression si énergique, pour rendre cette idée; que je ne puis m'empêcher de la rapporter ici, pour ceux de mes lecteurs qui parlent cette langue.

Der Mussiggang, ist des Teufels Ruh-Bank.

beaucoup plus fortes? les champs, se cultivent-ils tout seuls, et seraient-ils les nourriciers de l'homme, sans l'emploi de ses bras? le sauvage, vivrait-il de gibier, sans la fatigue de la chasse? les sociétés se maintiendraient-elles, sans le travail du législateur et des gouvernans?

L'homme est donc à-la-fois, par sa destination primitive, par la nécessité, par la sagesse et les plaisirs, appellé au travail; sans lequel deux époux ne seront jamais heureux.

CHAPITRE XXXVIII.

Des Plaisirs.

Les plaisirs sont de tous les âges, et naturels à tous les hommes : dans tout l'univers, ils ont des temples, des autels et des sacrificateurs.

Les politiques ont senti le prix de ce ressort : c'est par les jeux et les plaisirs, qu'ils ont attiré les Sauvages des forêts, et les ont civilisés. C'est par eux, que *Ro-*

mulus a procuré des femmes à sa ville. C'est avec mille plaisirs variés, qu'au rapport d'HÉRODOTE, les *Lydiens*, pressés par une cruelle famine, donnèrent le change à leurs besoins, et passaient des jours entiers, sans songer à manger. C'est en amusant le peuple de jeux et de spectacles, que les *Périclès*, les *Pompée*, les *César*, les *Auguste*, se frayèrent le chemin au pouvoir suprême. C'est le même moyen, que *Machiavel* indique à son *Prince*, pour captiver ses sujets. Le croirait-on! *Néron*, l'exécrable *Néron*, fut regretté des *Romains*; parce qu'il donnait souvent des fêtes!

Or, si les plaisirs sont si inhérens à notre constitution; s'ils ont tant de charmes pour l'homme, et tant d'empire sur lui: il s'ensuit que, dans le mariage, l'on peut également en retirer les plus grands fruits; et qu'on ne peut les négliger, sans les inconvéniens les plus graves.

Jeune époux! pénétrez-vous bien de cette vérité! soyez sans cesse occupé des plaisirs de votre compagne! qu'elle partage toutes vos jouissances; ou, pour mieux dire, n'en connaissez d'autres que les siennes ! c'est ainsi, qu'en reconnaissant en vous un ami tendre, à qui son bonheur est cher; un second elle-même : elle ne songera point à le chercher ailleurs. Ses désirs étant satisfaits, son cœur plein : il n'y aura plus de place, pour qui que ce soit.

Oui ! je le soutiens, si les femmes se débauchent, c'est que les maris les y forcent. Il est reconnu, qu'elles sont plus sensibles, qu'elles s'attachent plus fortement, et que leur amitié est plus durable; donc, si les hommes étaient plus constans, s'ils se plaisaient davantage avec elles, et les faisaient participer à leurs plaisirs : pas de doute, qu'elles ne restassent toujours sages et fidèles. Mais, loin de là, ils ne sont jamais mieux que hors de leurs maisons; et à leur conduite, il semblerait que l'hymen soit véritablement, comme dit *Lovelace*, le tombeau de l'amour et de toutes les affections :

Matrimony is the Grave of Love.

C'est à tort que l'on prétendrait, n'être pas toujours à même de jouir. La nature, cette mère tendre et généreuse, a voulu que tous ses enfans fussent heureux; et le plaisir le plus exquis, celui qui cause le plus grand délire des sens, est précisément celui que l'argent exclut toujours.

Eh! n'est-il pas au pouvoir de tout le monde, de goûter les plaisirs champêtres? tout homme ne peut-il point, fidèle à cette maxime de SAPHO :

Des roses du plaisir, couronner la jeunesse?

Un beau jour de printems, quand l'aurore, de son doigt de rubis, ouvre les portes de l'Orient; et que les premiers rayons du Soleil, viennent dorer les guérets: *Cléon* et *Amélie*, vont respirer la délicieuse rosée du matin. Ils effleurent le brillant émail des prairies, ils parcourent les vallons et les côteaux; et par-tout le zéphyr, témoin de leurs caresses, tendrement en frémit et en murmure. Après mille circuits charmans, ils se trouvent au bord d'une épaisse forêt. Ils y pénètrent : quelle vo-

volupté !..... combien de jeux folâtres les accompagnent, et sèment des roses sous leurs pas ! quels torrens de nectar viennent ennivrer leurs sens ! Cependant, dirigés par le dieu d'amour, ils arrivent dans un bosquet écarté, dont l'aspect mystérieux les invite à un voluptueux repos : le thim, le muguet et les violettes, leur servent de tapis ; le chèvre-feuille, le myrte, des cérisiers sauvages et des chênes antiques, les couvrent de leurs rameaux touffus, et couronnent leurs têtes. O quel essaim de plaisirs et d'amours, vient se groupper sur le sein d'*Amélie*!.... Le doux parfum des fleurs, le chant de Philomèle, les charmes de la bien-aimée, les baisers de feu recueillis par *Cléon* sur ses lèvres de rose : tout porte à l'âme un voluptueux ennivrement : l'imagination s'exalte, leurs voix se perdent, et ces jeunes époux, ces tendres amans, se croient transportés dans un lieu enchanté. Ce n'est plus une mortelle qu'il posséde : c'est une *Dryade*, une *Divinité ;* et ils goûtent le bonheur des dieux ! Y a-t-il au monde, une jouissance à comparer à celle-là ! et tous les trésors du *Pactole* pourraient-ils la procurer, si le cœur ne la donnait ?....

Que de froids théologiens viennent avec leur triste morale, condamner des plaisirs aussi légitimes, aussi divins ; et qu'ils sont incapables de sentir ! que les *Esseniens*, si j'en crois *Pline*, jugent les femmes et les plaisirs qu'elles procurent ; indignes de leur culte ! que les *Manichéens* attribuent les organes de la génération, au mauvais génie ! que l'austère *Caton* ne s'approche de la belle *Marcie*, que comme d'une source destinée à la population de la république ! que PLATON prescrive par une loi expresse que, *les marques de bienveillance d'un amant à sa bien-aimée, soient de même nature que celles d'un père à son fils* ! VOLTAIRE, répondrait en ce peu de mots : *que de foux, dans le meilleur des mondes possibles* !.... Pour moi, forcé d'être plus modeste, je leur opposerai les SOCRATE, les ARISTIPE, les ARISTOTE TIBULLE, OVIDE, PUFFENDORF, GASSENDI, HUME, YOUNG, le triste YOUNG lui-même : *indolens théologiens* ! s'écrie-t-il : *parce que vous êtes de glace, vous croyez que tout ce qui est de feu, sort de l'enfer* !

Je leur opposerai !.... mais, qu'ai-je besoin de mendier le secours de quelques individus, pour défendre une si belle cause ? approchez, ennemis du genre humain ! et je vous opposerai LA NATURE TOUTE ENTIÈRE !....

CHAPITRE XXXIX.

Continuation.

Après les plaisirs de l'amour, qui seuls, sont mille fois plus exquis que tous les autres réunis : viennent les plaisirs secondaires.

C'est à coup sûr une grande jouissance, de partager de tems à autre, avec quelques amis, un repas frugal où, excité à-la-fois par le propos et par le puissant jus de la treille, l'on se livre à un délicieux épanchement.

Mais, j'entends dire : rien de plus ignoble,

que ces sortes de jouissances; et l'on me rappelle ce vieux adage : *il faut manger pour vivre, et non vivre pour manger.*

Rien de plus ignoble en effet, que de n'attacher de prix qu'à la table; et, comme un *Apicius*, un *Sancho-Pança*, un *Mogol*, de faire un dieu de son ventre. C'est descendre sur la ligne des bêtes, qui ne connaissent également d'autre félicité que celle-là. Que je plains les âmes de boue, qui placent ce bonheur au premier rang !.... Mais, puisqu'ils sont assez malheureux, pour ne point connaître le plaisir des dieux : qu'ils jouissent au moins de celui des *Claudes* (1), et des *Pourceaux*.

Cependant, c'est une autre erreur de prétendre, à l'exemple des *Thérapeutes*, qu'il ne faut manger que pour vivre; et que la table ne doit pas du tout, être comptée au nombre des jouissances; comme

---

(1) SUÉTONE rapporte, que l'empereur *Claude* était prêt en tout tems, à manger et à boire; et, qu'il quittait les plus grands intérêts de l'état, pour aller remplir son ventre.

si l'homme n'était point fait pour tous les plaisirs; et que les plaisirs ne fussent point attachés à la satisfaction de tous les besoins. Il est évident qu'en cette circonstance, non-seulement tout individu éprouve des jouissances ; mais, qu'il en éprouverait encore, quand même il ne le voudrait pas.

Le spectacle, est un autre sujet de récréation. Une bonne comédie est un moyen infaillible, pour nous arracher aux idées noires qui, dans ce monde perfide, affectent si souvent l'esprit ; et une bonne tragédie, à cela près, qu'elle met quelquefois le cœur dans une situation pénible, fait goûter à l'âme des jouissances ennivrantes.

Mais, qui pourrait dénombrer tous les plaisirs, dont peuvent jouir deux époux bien unis?....

Fameux docteurs de *Sorbonne*, et vous, philosophes austères ! tonnez tant qu'il vous plaira Qu'importe ici le sentiment des *Epictète*, des *Cicéron*, des *Porphire* et des *Cottin* ! qu'importe l'insensibilité des *Stoïciens*, et le dédain des *Cyniques*, pour toutes les jouissances de la vie ! le vrai sage sait, qu'il ne peut inpunément sortir de la nature, et il y reste. L'*homme*, dit PASCAL, *n'est ni ange ni bête; et le malheur veut que, qui veut faire l'ange, fait la bête.*

CHAPITRE XXXX.

Fin du même sujet.

Mais, ô profonds ascétiques! combien je vais vous étonner! je soutiens, qu'en condamnant les plaisirs, vous prêchez la dissolution de la société! en effet, qu'est-ce que les *plaisirs*? des *besoins satisfaits*. Sans plaisir, pas de besoin; et sans besoins, pas de société; puisque les besoins seuls rapprochent les hommes, les unissent, et en forment des peuples. Ainsi, en bannissant les plaisirs, vous rompez véritablement tous les liens sociaux : les nations policées redeviendront des *Tartares*, des *Sauvages;* et retourneront dans les antres et les forêts, comme les bêtes féroces.

L'amour du moins, dites-vous, n'est

pas nécessaire..... Eh bien! j'ose affirmer que, sans les plaisirs de l'amour, il serait impossible de maintenir l'ordre social. Il suffit de jetter un coup-d'œil rapide, sur les divers états qui le composent. Je remarque un petit nombre de *Patriciens*, qui tiennent à eux seuls, presque toutes les richesses. Vient ensuite une classe plus nombreuse, qui se trouve dans une honnête aisance. Enfin, je vois une dernière classe, qui se compose d'un nombre, peut-être vingt fois plus fort que les deux premières; et qui ne gagne le pain le plus grossier, qu'au prix de ses sueurs, et des travaux les plus rudes. Ce sont les *Ilotes*, les *Périéciens* et les *Pénestes*. Ceux-là, sont assis sur le char du luxe, de l'abondance et de la mollesse: ceux-ci, comme des chevaux et des mules, sont attelés après, et le traînent. Ceux-là, comme les dieux du paganisme, sont placés sur l'*Olympe*, et voient tranquillement, loin d'eux, rouler le tonnerre: ceux-ci, comme les *Cyclopes*, dans les entrailles de la terre, forgent les foudres dont ils sont écrasés. Or, étant vingt fois plus puissans, il ne dépendrait que de leur volonté, de changer à l'instant d'état; en s'emparant, comme les *Gélois*, des trésors et de la place des plus faibles. Cependant, ils ne le font point; et pourquoi? si ce n'est que les plaisirs de l'amour et les jouissances de la paternité, les soutiennent dans leur infortune, allègent le poids de leurs chaînes, leur en dérobent toute l'horreur; en un mot, leur donnent la force de supporter leur misère, et les garantissent d'un mouvement de désespoir. . . . .

Que l'on apprécie maintenant la conduite de l'église, en flétrissant le mariage! que l'on apprécie toutes ces véhémentes déclamations de la cagotterie, et de certains philosophes!.... O ÉPICURE! et que des hommes qui ne te connaissent pas, ont si injustement calomnié! je préfère mille fois un coin de tes jardins, à toutes les cloches, à tous les chants lugubres du monde entier! je veux, s'il m'est possible, suivre tes préceptes, et *sortir de la vie comme d'un festin.* O aimable FONTENELE!

tu permets les plaisirs ; tu les ordonnes même : je veux être de ta république ! O célèbre BONNET ! tu publies dans tes écrits immortels, que *l'auteur de mon être m'a créé pour le bonheur* : je révère et j'adopte tes principes ! Et toi, savant HELVÉTIUS ! viens enseigner aux peuples que, *la volonté d'un Dieu juste et bon c'est, que les fils de la terre jouissent de tous les plaisirs, compatibles avec le bien public.*

Mais, c'est m'arrêter trop long-tems ; PERSE nous avertit : il nous crie d'une voix d'airain : *mortels, hâtez-vous de jouir ! demain, il sera trop tard.....*

CHAPITRE XXXXI.

Quelques Maximes.

Sans doute, il ne faut au bonheur d'*Emile*, qu'une *Sophie* ; et un champ, ou, des bras qui en tiennent lieu. Mais, son champ peut lui être enlevé ; une maladie peut le priver de l'usage de ses bras; la persécution peut s'acharner contre lui!....

O homme! qui que tu sois, quelque rang que tu occupes: tu auras des revers! c'est le sort de l'humanité. Mais, de succomber, de se laisser abattre : c'est le sort d'un lâche! Entends la voix de SENÈQUE : *couvre-toi du bouclier de la philosophie* !

L'homme sensé fait tout ce qu'il peut, pour détourner un mal qui menace; mais, si le mal est arrivé : ou, qu'il ne soit point en son pouvoir de l'empêcher : il s'arme de résignation.

On doit subir la loi qu'on ne peut corriger (*).

Hélas! au lieu d'agir ainsi, quelle est ta conduite !.... Éprouves-tu quelque perte? tu es en proie à la douleur, comme un enfant : ton imagination grossit les objets, le mal augmente, il engendre des maladies, entraîne d'autres pertes plus grandes; et tu te livres au désespoir.....

Ta fausse prévoyance te fait mille fois

(*) *Voltaire.*

sentir le coup, avant qu'il soit porté *Quand les hommes*, dit EPICTÈTE, *n'ont rien qui les afflige, ils vont fouiller dans l'avenir, pour chercher des malheurs qui n'arriveront peut-être jamais; et cette crainte les affecte plus, que quelque chose de réel.*

Mais, n'es-tu pas l'auteur de tes peines les plus cruelles?.... C'est toi, qui te donnes les tourmens de l'ambition, de l'avarice, du luxe, et de toutes les passions qui te rendent misérable. La nature t'a donné peu de besoins, elle t'a créé heureux et libre; et toi, sans cesse tu te forges des fers, et te crées mille tyrans.

Connais donc enfin tes vrais intérêts!.... Oh! si tu voulais, combien tu trouverais en toi de sujets de résignation!.... La grêle, a-t-elle ravagé ton champ? vois ce pauvre, qui te demande l'aumône; vois cet homme qui languit sur son grabat, sans secours ni consolation; et tu te sentiras heureux! Tes semblables t'ont-ils fait quelque injustice? rappelle à ta mémoire, ces nombreuses victimes de l'ambition et de l'intérêt, qui sont plongées et pourrissent dans les cachots; pense au bannissement du juste *Aristide*; à la mort du vertueux *Socrate*! Eprouves-tu les accès de la fièvre? entends les cris aigus, que la douleur arrache à ce malheureux, à qui l'on fait l'amputation d'un bras ou d'une jambe! Demande-toi, par quelle faveur du sort, tu n'es pas aussi misérable qu'eux? En un mot, regarde toujours au-dessous de toi, et jamais au-dessus. L'aspect d'un être encore plus malheureux, adoucit nos propres maux, et les dissipe; l'aspect au contraire, d'un homme plus heureux, rend nos maux plus amers et plus insupportables. *Il semble*, dit ROUSSEAU *que, l'un nous exempte des peines qu'il souffre; et que l'autre, nous ôte les biens dont il jouit.*

D'ailleurs, si le livre des destins est fermé pour toutes les créatures : qui sait si le mal que tu déplores si amèrement, ne fera pas un jour ton plus grand bonheur?

Enfin, aie recours aux livres des philosophes!....

Eh quoi! n'as-tu pas en ton pouvoir, un dédommagement à tout ce qui peut t'arriver? un baiser, un seul baiser de *Sophie*, n'est-il pas un baume salutaire, qui guérisse à l'instant les blessures les plus mortelles? Le fier *Achille*, se console du cruel outrage d'*Agamemnon*, dans les bras de sa chère *Diomède*. C'est après les destructions du barbare *Ariman*, que l'heureux ELIDOR, adresse ces paroles à *Oromaze* :

O puissance céleste !
Tu me conserves tout : Netzarine me reste (*).

(*) *Helvétius.*

Fin du second Livre.

LIVRE XXX.

DU DIVORCE.

O genus infelix humanum (*) !...

LUCRÈCE.

Le *Divorce* est un acte qui casse le Mariage, de telle sorte que, les deux époux rentrent dans le même état, et sont aussi libres qu'auparavant. Or, pour connaître si le mariage peut être dissous, il faut remonter plus haut, et voir comment il a été formé.

Dans l'état de nature, l'homme n'éprouve que les besoins purement physiques. Il contente ses sens avec la première femelle qu'il rencontre ; de même, qu'à la première source, et sous le premier chêne, il satisfait également sa soif et sa faim. A-t-il joui ? il quitte la femelle, comme l'arbre qui vient de le rassasier, et il ne la

(*) *O malheureuse espèce humaine* !....

distingue plus des autres. En un mot, il ne connaît que le *sexe*, et non les *individus*.

Dans cet état, l'homme, selon l'expression de BUFFON, *nud d'esprit et de corps*, est rapproché de la brute, et se confond pour ainsi dire avec elle. Cependant, plus susceptible de raisonnement, il sent bientôt la nécessité de se réunir à ses semblables ; pour résister de concert, aux bêtes féroces qui l'attaquent ; et, au lieu de courir isolément dans les bois, les hommes marchent par troupeaux.

Ce changemant de situation, amène beaucoup d'autres changemens. Jusques-là, entièrement sauvages, et presque sans aucune combinaison d'idées, ni aucun besoin factice ; ils n'ont connu que le *moi absolu* : leur individu était pour eux l'univers ; et l'univers n'était rien. Actuellement, ils ont une *existence relative* : la nature commence à naître, elle se développe à leurs regards ; et ils se comparent à leur espèce et à la société. Jusques-là, ils ne connaissaient, ou pour mieux dire, ils n'éprouvaient que l'*amour de soi*, essentiellement bon; puisqu'il tend à la conservation de l'individu, et qu'il ne tend qu'à cela: désormais, cet amour d'instinct sera modifié par l'*amour propre*; source à-la-fois de toutes les qualités, de toutes les lumières, des vertus et de tous les vices.

C'est avec ces diverses circonstances, que se forme en eux, ce sentiment de préférence ou d'aversion, que l'on ressent pour tel ou tel individu; et qui n'est, au fond, que le résultat des rapports, à notre manière de voir.

Dès-lors, ils ne se contentent plus absolument, de la première femelle qui se présente: ils font un choix, dont le goût est juge.

Ce goût sera plus ou moins brut, plus ou moins prononcé; selon que les peuplades seront plus ou moins bruttes elles-mêmes; par exemple, les troupes, telles qu'il en existe au *Brésil* et au nord de l'*Amérique*; dans les parties septentrionales de l'*Europe* et de l'*Asie*; dans l'intérieur de l'*Afrique*; ou, telles que les *Grecs* avant l'arrivée des

Titans : ces troupes dis-je, qui, répandues sur les montagnes et dans les forêts, ne sont occupées qu'à faire la guerre, et à combattre les animaux ; sont moins recherchées dans le choix d'une femelle, que les *Tartares* qui, vivant de leurs troupeaux, ménent une vie moins féroce.

Enfin, ne trouvant plus de quoi subsister, des hordes se fixent, et cultivent la terre. Alors les relations de propriété et les nouveaux besoins, en donnant plus d'extension à l'esprit, étendent aussi le cercle du goût, et rendent plus difficile sur le choix.

Dans notre jeune Colonie, tout est encore volontaire et indépendant : ils n'ont aucune idée du mariage, et ne comprendraient même pas comment la loi pût, en quelque manière, forcer la nature; et imposer dans son acte le plus libre, un joug contre lequel elle combat sans cesse. Néanmoins, si l'essence du mariage consiste, dans l'union et la constance des époux ; il n'en est pas moins vrai qu'alors, on observe le mariage mieux que jamais. En effet, tant que les hommes, ayant assez de goût pour préférer, ne sont point assez dépravés pour étouffer les sentimens naturels : loin d'être inconstans, loin d'oublier et de quitter leurs compagnes, leur amitié pour elles doit nécessairement se fortifier de jour en jour, par la simplicité des mœurs, par la force de l'habitude, et par les jouissances de la paternité. C'est ce qu'on vit à *Rome*, dans les premiers tems de la république. C'est là cet âge heureux, tant vanté par les poëtes : l'*âge d'or*.

Mais, les sociétés ne restent pas longtems à ce premier degré de civilisation. Bientôt, l'inégalité des richesses, introduit le luxe : le luxe, engendre toutes les passions; et les hommes se corrompent.

Je les vois déjà dominés par l'avarice, l'ambition, l'intrigue, la débauche; ils foulent aux pieds les vertus domestiques; et il en est d'assez pervers, pour abandonner femmes et enfans.

Leur exemple gagne un grand nombre; et le désordre règne par-tout..... Il faut donc que l'autorité civile vienne au secours ; qu'elle protège et renforce les liens, formés par la nature.

Dans le principe, la loi aura seulement prescrit quelques formalités, afin de rendre les séparations moins fréquentes ; car, il était impossible que des hommes, encore si près de l'instinct, s'en écartassent tout-à-fait, dans un de ses droits les plus évidens.

Cependant, comme les sociétés s'avancent continuellement vers la dégradation des mœurs ; il vient une époque où, les premiers réglemens ne suffisant plus, l'on imagine d'en créer de plus sévères, et de rendre les séparations plus difficiles.

C'est ainsi, qu'en s'écartant de la nature, on est forcé de s'en écarter davantage, et de multiplier les loix ; mais, c'est en vain : cette barrière, qui n'arrête que le faible, n'est jamais assez puissante, pour empêcher le mal qui a forcé de la construire.

Il y aura donc un tems où, le désordre étant à son comble, l'on ajoutera encore à la rigueur des loix.

Enfin, les prêtres viendront au nom du ciel dire, que le mariage est un *sacrement* (1) ; et ils le déclareront *indissoluble*.

Voilà, où en était n'aguères la *France* ; et où en sont encore les peuples de l'église romaine.

Les mœurs vont donc se réformer : tout va s'épurer au creuset de la religion, et changer de face : les époux seront plus sages, plus fidèles ; les femmes, plus chastes ; leur attachement mutuel en sera plus fort ; en un mot, le scandale va cesser, toutes les vertus vont renaître, et les époux seront plus heureux ; tandis que chez les peuples, où le mariage n'est qu'un contrat civil, tout restera dans le désordre.

Mais quoi ! si je parcours les nations et

---

(1) Le mariage n'a été déclaré sacrement, que vers le X. siècle de l'église ; et c'est un effet de la politique des papes qui, selon la judicieuse remarque de *Puffendorf* ont voulu, par là, s'approprier la décision et le bénéfice, de toutes les causes matrimoniales.

les compare, je trouve un résultat tout opposé !.... Là, où le mariage n'est qu'un contrat, le bonheur règne, les mœurs sont pures; et chez les peuples où il est un sacrement !.... J'allais anticiper; mais, cette question est d'une trop grande importance, pour être traitée légèrement.

Bornous-nous, quant à présent, à tirer cette conclusion : il n'y a point de mariage dans la nature : ce sont les magistrats, qui l'ont établi; ce sont les prêtres qui, de leur chef, l'ont déclaré indissoluble; donc, il ne peut y avoir de doute sur le principe du *divorce* : ce que les hommes ont fait dans un tems, ils le peuvent toujours modifier dans un autre.

L'illustre MONTESQUIEU, après être convenu que, *de toutes les actions humaines, celle qui intéresse le plus la société, c'est le mariage* : prétend que, *c'est à la loi de la religion à décider, si le lien sera indissoluble ou non.* Quoi ! il voudrait soumettre à la puissance spirituelle, l'acte le plus évidemment civil; et même jusqu'à certain point naturel ! il voudrait rendre les ecclésiastiques, qui ne doivent se meler que des affaires de l'autre monde, et à qui leur divin maître ne cesse de récommander la soumission et l'obéissance aux chefs civils : il voudrait les rendre juges de la destinée; c'est-à-dire, du bonheur ou du malheur du genre-humain! *car, si les loix de la religion avaient établi le lien indissoluble, et que les loix civiles eussent réglé qu'il se peut rompre : ce seraient deux choses contradictoires.....* Peut-on appuyer une proposition plus absurde, d'un motif plus puéril !.... Je ne ferai point à mes lecteurs, l'injure d'appuyer davantage sur cette question; mais j'avoue que, j'ai relu plusieurs fois ce passage de l'*Esprit des loix;* tant j'eus peine à croire, qu'un grand homme pût errer à ce point.

Le principe de la dissolubilité posé, il ne s'agit que d'examiner, si le divorce est utile ou nuisible à la société; et son admission, ou son rejet, doit dépendre de cet examen.

Il matrimonio, dit un proverbe italien;

è un paradiso o un inferno (*). En effet, je ne sache rien à comparer à l'état de deux époux, unis par la sympathie. Ils coulent des jours délicieux, au sein de l'amour et de l'amitié. Quel bonheur pour un mari, de posséder une compagne tendre et vertueuse, uniquement occupée à lui plaire; et qui ne vit et ne respire que pour lui! Quelle félicité pour une épouse, d'avoir un vrai ami, un second elle-même; qui sacrifierait sa personne, et l'univers entier, à l'objet de son amour! Quelles jouissances inexprimables, sont le partage de ce couple fortuné; pour qui l'hymen est véritablement le paradis sur terre! les dieux, goûtent-ils un bonheur plus pur et plus parfait?....

Mais aussi, quel affreux tableau, qu'un ménage désuni!.... Deux êtres, associés à jamais: vivant comme des bêtes féroces, dans un état de guerre continuelle! deux êtres, destinés à faire le bonheur l'un de l'autre: maudissant le jour

(*) *Le Mariage est un Paradis ou un Enfer.*

fatal, qui a formé leurs liens!.... Si c'est déjà un tourment, de rencontrer dans la société, un individu que l'on hait: quel supplice, de vivre toujours à côté d'un homme ou d'une femme que l'on abhorre!....

Oh! que ne puis-je faire retentir les plaintes, de ces nombreuses victimes des liens éternels! que ne puis-je faire entendre les soupirs, les gémissemens, qu'arrachent à de timides épouses, des maris barbares!.... Hélas! c'est en vain que, nuit et jour, elles fatiguent le ciel de leurs douleurs: elles sont condamnées à s'abreuver, jusqu'à la fin de leur carrière, de la ciguë qu'on leur verse incessamment. Elles sont irrévocablement en proie à toutes les souffrances, à tous les outrages. Que dis-je? des tigres, déguisés sous la figure d'homme, portent la férocité jusqu'à meurtrir et déchirer ce corps, créé le siège de la volupté! le tombeau seul!.... Dieux! faut-il que la cruelle mort, soit invoquée comme un bienfait!....

Cependant, s'il n'y a pas de plus grand martyre, que de vivre sous les loix d'un mari tyrannique; y a-t-il rien de plus affreux que d'être attaché à une *Harpie*, ou, à une *Messaline*! Quoi! soir et matin, un démon sera déchaîné dans ma maison; et je ne pourrai en sortir! quoi, mon épouse souillera la couche nuptiale! elle couvera dans mon sein, des serpens pour me dévorer! elle sacrifiera mes enfans légitimes! elle retournera, à chaque moment, le poignard dans mes entrailles! et je serai condamné à passer ainsi ma vie entière!.... Ah! plutôt mille morts, qu'un pareil suplice!....

Qu'on ne demande donc plus, si le divorce est utile ou non : autant voudrait demander si, quand l'on est à la torture, il est bon d'y rester toujours.

Je passe sous silence mille autres choses qui motivent le divorce : tel, un mari ou une femme prodigue; un ivrogne; un joueur, qui va plonger dans la misère, sa femme et ses enfans; un avâre, qui compte tous les déniers qu'il faut lui arracher, et refuse à son épouse, les objets les plus indispensables; un libertin qui, du matin au soir, se roule dans la fange, et compromet!...

Je m'arrête ici; car, tous ces détails nous meneraient beaucoup trop loin.

Mais, si c'était l'indissolubilité, qui causât le malheur des époux; et, que le divorce au contraire, empêchât ces malheurs de naître?.... examinons.

Il n'y a point de sentiment plus inséparable du cœur humain, dit l'ANTI-MACHIAVEL, *que celui de la liberté*. C'est le droit dont les hommes sont le plus jaloux, et auquel ils font les plus grands sacrifices, tant que la servitude n'a point flétri leur âme. L'on sait avec quelle ardeur les *Parthes*, les *Gaulois* et les *Germains*, combattirent pour leur indépendance, et balancèrent longtems les forces de *Rome*. Les *Hottentots*, les *Caraïbes*, les *Tartares*, et tous les peuples non encore subjugués, regardent leur liberté comme le seul bien précieux. Les *Nègres* de certaines côtes d'*Afrique*, lorsque la cupidité les a vendus aux marchands de chair humaine; se poignardent, ou se précipitent dans les puits; pour échapper l'esclavage.

L'homme tient tellement à son indépendance, qu'il suffit de lui défendre une chose, à laquelle il ne songeait même pas, ou qui lui répugne; pour qu'il la fasse sur le champ; et ceci, comme nous l'avons dit dans le premier livre, s'étend jusques sur les objets les plus minutieux.

Or, qu'est-ce que l'indissolubilité? y a-t-il au monde, rien de plus contraire à la liberté? n'équivaut-elle pas à un ordre, de vivre éternellement avec le même homme, ou avec la même femme? eh bien! si la contrainte, même dans les circonstances les plus indifférentes, révolte le cœur de l'homme; quelles impressions, quels effets, si on le condamne à un esclavage perpétuel, lors qu'il s'agit du sentiment le plus vif et le plus volontaire! n'est-il pas à craindre que, l'idée seule des fers dont on le charge, suffise, non-seulement pour détruire son amour; mais encore, pour le changer en aversion!

Qu'un père contrarie l'amour de sa fille: qu'il lui défende de voir et d'aimer, celui à qui son cœur s'est donné: cette défense ne fait que rendre plus violens, les feux dont elle brûle. — Qu'au contraire, il reproche à sa fille son penchant trop faible; à l'instant son cœur se soulève, et le peu d'amour qu'elle ressentait, se change en dégoût. C'est à cette occasion que l'ARISTIPE moderne et l'auteur de CLARISSE, prétendent que, *pour faire d'heureux mariages, il faudrait commander aux époux de se haïr à la mort, et ils s'aimeraient avec fureur.* Telle est la bisarrerie du cœur humain ! Tels sont les effets de la violence et de l'indissolubilité !

Hélas ! désormais l'hymen n'est plus le temple du bonheur : on ne soupire plus après l'époque où l'on pourra le contracter, et qu'on fixait avidement comme l'aurore de la félicité..... Le mariage est une lourde chaîne, dont on redoute de se charger, et dont le poids écrase. L'amour en deuil fuit au loin; le charme se dissipe, et la triste nécessité l'empêche de renaître. L'indissolubilité est donc un véritable fléau, et le plus grand antidote contre l'amour.

Que si vous permettez le divorce : quels avantages en vont résulter !....

1°. Les époux auront plus d'affection l'un pour l'autre, parce qu'ils sont libres; et ce sentiment se conservera, par la raison seule qu'il est libre.

2°. Loin de regretter leur indépendance, ils redouteront chacun l'usage qu'ils en peuvent faire; et cette crainte aura les suites les plus heureuses.

En effet, si le mariage est indissoluble, je n'ai aucun ménagement à garder : quelque conduite que je tienne, ma femme me reste toujours; puisque rien ne peut nous séparer; mais dans l'autre hipothèse, j'ai tout à craindre. Je ne suis sûr de conserver mon épouse, qu'aussi longtems que je posséderai son cœur; et conséquemment, je suis forcé d'employer les moyens qui me le conserveront. J'aurai donc pour elle des soins et des égards que, par le même motif, elle me rendra. Nous menerons l'un et l'autre, une vie plus sage; tous nos efforts tendront mutuellement; à nous plaire, nous captiver.

et, loin d'être de froids époux, qui remplissent à regret, le devoir que la loi et la force leur imposent : nous resterons toujours de tendres amis, de véritables amans. Ainsi, la faculté de nous quitter, nous empêchera précisément de nous quitter jamais ; et assûrera notre bonheur réciproque.

Si l'on pouvait encore douter de ces principes, il me serait facile de les appuyer par de nouvelles preuves. Si l'indissolubilité ne détruisait pas tout le charme du mariage, pourquoi, demanderai-je, verrait-on l'amour être plus durable entre amans, qu'entre époux, quoique de la même date ? pourquoi tels amans, qui ont vécu heureux ensemble, pendant quatre, cinq et dix ans, voient-ils s'éclipser leur bonheur, à l'instant qu'ils se marient ? ne sont-ce pas toujours les mêmes individus ? ne conservent-ils pas les mêmes dons de l'esprit et de la nature ? qu'y a-t-il de changé dans leurs relations, si ce n'est que, de libres qu'ils étaient de se quitter, ils sont actuellement enchaînés et ne le peuvent plus ? or, s'il n'y a pas d'effet sans cause : celle-ci étant la seule qui se présente, est sans contredit aussi, la seule qui opère.

Je ne prétends point, par-là, insinuer qu'il faut rester célibataire : je crois au contraire avoir établi, qu'il n'y a de félicité que dans l'hymen. Mais si, en général, le mariage seul bannit l'amour : à plus forte raison, un mariage éternel..... Il résulte donc évidemment, que le bonheur des époux sera infiniment plus sûr, plus stable et plus parfait, si on leur accorde la voie du divorce.

Cependant, comme dans une discussion qui se rapporte à tant d'intérêts, et qui choque tant de préjugés, l'on ne saurait trop multiplier les preuves ; je vais encore en donner une : ce sera la dernière.

Je suppose, dirai-je aux esprits les plus prévenus ; je suppose un peuple, dont les diverses provinces aient absolument les mêmes habitudes, les mêmes mœurs. Je suppose encore, qu'il soit en notre pouvoir de faire sur ce peuple, l'essai de nos principes. Nous statuerons que, dans telle et telle contrée, indifféremment prise, le divorce est permis; et que dans telle et telle autre, il est défendu. Cela posé, je le demande : si l'expérience démontrait que, dans les provinces où le divorce est autorisé, les époux sont unis plus étroitement, que dans celles où il est proscrit : seriez-vous bien convaincu, que le divorce est salutaire? Il est certain, qu'à moins d'être tout-à-fait stupide, ou de mauvaise foi, il est impossible de se refuser à cette conséquence. Eh bien ! ce peuple supposé existe réellement : l'épreuve est faite par *Luther* et *Calvin*. Dans les cantons catholiques, les mariages sont moins heureux et moins respectés : dans les protestans, les unions sont incomparablement plus fortunées et plus saintes. Parcourez toute l'*Europe* et toutes les nations de l'univers : et par-tout, vous retrouverez les mêmes résultats.

Mais, ajouterai-je : ce peuple, c'est vous-même. Reportez-vous à l'époque de deux siècles et demi, où les unions n'étoient pas encore indissolubles; consultez l'histoire, interrogez nos ancêtres; comparez ensuite avec les époques postérieures; et vous trouverez que, depuis que le *Concile de Trente* a imposé ce nouveau joug aux catholiques (*), les mariages ont continuellement dégénéré. Concluez !....

Et les *enfans*, que deviendront-ils !....

Faut-il donc que, dans l'incertitude s'ils seront un jour malheureux, le père et la mère le soient dès-à-présent? la nature ne crie-t-elle pas sans sesse à tout homme : *jouis, sois heureux* ! n'a-t-elle pas imprimé dans toute âme, en carac-

(*) L'église a excepté les catholiques *Polonais*. Mais, pourquoi cette exception? le divorce change-t-il de nature, selon les pays? est-il dans telles limites, un acte indifférent; et, passé ces mêmes limites, c'est-à-dire, une ligne plus loin, comme la contrebande, une action criminelle? de deux choses l'une: ou le divorce produit des effets salutaires et moraux; ou bien, il est nuisible et immoral : dans le premier cas, pourquoi le défendre? dans le second, pourquoi le permettre?

tères indélébiles, *l'amour de soi*, auquel tout le reste est subordonné ? où est enfin la loi, qui exige ce cruel sacrifice ? et, s'il était un législateur, qui méconnût assez l'empire de la nature, pour l'inscrire dans son code : quels seraient les insensés qui voulussent l'adopter ? quels individus assez ennemis d'eux-mêmes, pour ôser entrer dans le temple de l'hymen ?

Aussi, loin de sacrifier les pères au bonheur des enfans, les législateurs ont toujours sacrifié les enfans, au bonheur des pères et de la société.

C'est ainsi qu'à *Sparte*, la loi de *Lycurgue* condamnait à périr, tous les enfans qui naissaient faibles ou contrefaits ; par la raison, qu'ils auraient été à charge. *Platon*, donne la même loi à sa république. Dans l'ancienne *Rome*, dans la *Gaule*, en *Chine*, au *Tunquin*, les pères ont sur leurs enfans droit de vie et de mort. C'est ainsi enfin que jadis, chez les *Hébreux*, en *Phrygie*, en *Phénicie*, à *Thèbes* ; et, de nos jours encore, en

Mingrélie, à *Gorée*, au *Cap-Verd*, et chez d'autres peuples, le père vend ses enfans, pour fournir à sa subsistance.

Ces principes ont été consacrés par des publicistes célèbres: GROTIUS entre autres, dit formellement : *un père peut mettre son fils en gage, et même le vendre, s'il est nécessaire.*

En supposant donc, qu'effectivement le bien être des enfans exigeât, que les parens ne se séparassent jamais : il ne serait point pour cela décidé, qu'ils dussent y souscrire, et se sacrifier pour eux.

Faudra-t-il donc, immoler nos enfans à notre intérêt! faudra-t-il, après leur avoir donné la vie, la leur arracher !..... Je sens que, le cœur maternel se resserre à ce langage barbare, et qu'il tremble pour ce qu'il a de plus précieux.... Rassurez-vous, mères tendres! la nature ne vous met point à une épreuve aussi terrible; vous ne serez point forcées d'opter entre vos enfans et vous: leur bonheur se trouve là où est le vôtre. D'ailleurs, des conseils aussi cruels, aussi sanguinaires, pourraient-ils être donnés par une âme sensible?

Je ne vois que deux points de vue, sous lesquels on puisse envisager cette question: *fortune, éducation*. C'est donc ces deux rapports, qu'il faut examiner. Nous commencerons par la fortune.

Il est constant qu'une maison, de même qu'un état, n'est jamais bien gouvernée, à moins que les chefs ne s'entendent, ne s'aident mutuellement de leurs conseils, et par un heureux accord, ne concourent de tout leur pouvoir à sa prospérité. Je dis par un heureux accord : car, vainement voudrait-on d'une part le bien, si de l'autre, on y était indifférent; ou qu'on s'y opposât. Ce défaut d'ensemble, ce tiraillement en sens contraire, entraînerait une ruine infaillible. Or, comment y aurait-il de l'ensemble, entre des chefs qui vivent en guerre ouverte? est-il raisonnable de supposer que, lorsqu'il s'agira d'intérêt, à l'instant deux époux qui se détestent, déposeront leurs haînes, pour entrer paisiblement en conférence; et, comme de vrais amis, se feront part de leurs lumières? N'est-il pas bien plus à craindre, qu'au lieu d'agir de la sorte, ils ne fassent précisément tout l'opposé; et que la volonté de l'un ne suffise, pour déterminer la résistance de l'autre? Peut-on ignorer que la colère, l'esprit de contradiction, l'animosité, nous aveuglent et l'emportent sur nos intérêts les plus chers et les plus évidens? c'est bien alors que selon le proverbe, *l'un donnerait volontiers un œil, pour que l'autre n'en eût pas du tout.*

Ce n'est pas tout: deux époux qui ne peuvent vivre ensemble, vont chacun de son côté, se dédommager au dehors, des peines aux quelles ils sont en proie au dedans: le mari a des maitresses; la femme, des adorateurs..... Ainsi, outre le défaut de direction et d'économie, il y aura pour comble un surcroît de dépense, qui hâtera encore la ruine du ménage.

L'objection quant à la fortune, est donc plus spécieuse, que solide et réelle.

Venons à la seconde objection. Quels traitemens les enfans recevront-ils, d'une belle-mère? Quelle éducation!...

Voilà

Voilà des objets graves, et de la plus haute importance. Il s'agit donc de les examiner avec la plus sérieuse attention, et de les peser avec sagesse.

Je conviens avec tout le monde qu'une femme, de quelque sublimes qualités qu'elle puisse être douée, n'aimera jamais l'enfant d'un autre, comme le sien propre. *Il n'y a de cœur maternel*, dit ROUSSEAU, *que celui d'une mère.* Son amour est un sentiment fondé sur la nature, au quel rien ne peut suppléer. L'enfant perdra donc incontestablement, sous ce rapport, que sa belle-mère n'aura jamais pour lui, la tendresse de sa mère véritable.

Je n'examinerai point si, par une affection mal entendue, les mères ne font pas souvent plus de mal à leurs enfans, que ne pouraient leur en faire leurs plus cruels ennemis. Mais nous allons voir si, en compensation du manque de tendresse, l'enfant n'aura pas un prix d'une bien plus grande valeur?

Quelle éducation, a-t-on dit, recevra

un enfant sous les auspices d'une belle-mère ! je demande à mon tour, quelles leçons recevra-t-il de parens, plongés dans la désunion et le scandale !.... N'est-il point vrai que, rien ne fait d'aussi profondes impressions sur l'esprit des enfans, que *l'exemple* ; même de quelque part qu'il vienne ? *Locke*, qui connaissait si bien les ressorts du cœur humain, ne cesse de le répéter. *Auguste* en était tellement convaincu, qu'au rapport de *Suétone*, il avait toujours ses petits enfans autour de lui, ne les perdant pas de vue, un seul instant. Eh bien ! si le mauvais exemple est si pernicieux en général; combien ne le sera-t-il pas davantage, s'il vient des chefs? si ces chefs sont le père et la mère? Les enfans les regardant comme leurs dieux, tout ce qu'ils leur voient faire, sont pour ainsi dire autant d'ordres de les imiter ; or, que deviendront-ils, s'ils ont continuellement sous les yeux, les exemples les plus affreux? que deviendront-ils, s'ils voient quelquefois leurs dieux s'entre-déchirer comme des bêtes féroces? quelle idée prendront-ils des hommes! où est désormais l'autorité tutélaire, qui puisse les diriger, et opposer un frein à leurs passions?....

Ce serait une grande erreur de prétendre que, ces parens pouront cependant, donner des leçons bonnes et utiles. *Partout*, dit ROUSSEAU, *où le précepte n'est pas soutenu par l'exemple, l'instruction demeure sans fruit; et la vertu même perd son crédit, dans la bouche de celui qui ne la pratique pas.*

D'ailleurs, comme le disent encore l'auteur d'*Emile* et *Locke*, il faut aux enfans une éducation en pratique, et non en paroles. Celle-là seule, parle à leur esprit; l'autre n'est point à leur portée, et ils ne l'entendent pas. Mais, quand même ils auraient les capacités nécessaires, à quoi cela servirait-il, puisque sans cesse l'exemple, par sa puissante impression, viendrait tout détruire? que dis-je? les enfans remarquant dans leurs pères, une conduite si opposée à leurs préceptes : tous ces beaux discours, toutes ces grandes vertus en apparence, ne serviraient qu'à leur faire regarder tous les hommes comme des hypocrites.

Actuellement dites, si le défaut de tendresse dans la belle-mère, n'est point mille fois compensé, par l'absence des funestes exemples, qui ne manqueraient pas de faire des tigres et des ogres ?

Considérons enfin le divorce, sous le rapport de *l'intérêt national*. Mais auparavant, qu'il me soit permis de faire une observation. Il est incontestable que, le bien public se compose de la réunion des avantages individuels : or, s'il est démontré que, le divorce est à l'avantage des *époux*, et même des *enfans* ; il ne s'agirait que de tirer la conséquence.

Néanmoins, ce point si essentiel mérite d'être discuté avec quelque détail. Je vais donc prouver que, le divorce est utile sous le rapport de la *population* et des *mœurs*; la base et la force des sociétés.

J'aurai sans-contredit démontré ma première proposition, si je fais voir, que la faculté du divorce, favorise la multiplication des mariages.

Nous avons établi plus haut que, rien n'est plus cher à l'homme que sa liberté; et qu'à la seule idée de contrainte, son cœur se révolte. Il est donc évident que, l'indissolubilité, qui lui ravit entièrement son indépendance, et le lie pour toujours; doit l'éloigner du mariage. Des chaînes aussi lourdes, aussi redoutables, doivent nécessairement effrayer. Quoi ! je suis libre, l'indépendance est mon bien suprême, elle m'est plus chere que la vie; et j'irai gaiement me soumettre à un esclavage éternel !....

Sans-doute, cet esclavage peut devenir pour moi, l'état le plus doux, le plus délicieux; mais, s'il arrive le contraire ? s'il allait devenir l'état le plus affreux !.... quels regrets ! quel désespoir !....

D'ailleurs, combien des liens indissolubles doivent inspirer plus d'éloignement, si l'on jette un coup-d'œil sur les mœurs actuelles ! si l'on considère, qu'au lieu de vertus, l'on n'en trouve plus que les stériles apparences ? si l'on envisage que, de certaines manières, un certain jargon, bien étudiés ; tiennent lieu des qualités, dont ils ne sont que le vain simulacre ? Dans ces conjonctures, qui me répond, que je ne prendrai pas un masque pour la réalité ?.... c'est le tems, hélas ! où les *Emiles*, les *Sophies* et les *Lucrèces*, sont clairsemés par-tout. L'on serait presque tenté, de s'écrier avec RAYNAL : *non, il n'y a plus d'Eliza dans l'univers* !....

Que si le divorce est permis, il me reste au moins une ressource : terrible, il est vrai, mais salutaire ; et j'hésiterai moins à prendre une femme, si j'ai un moyen de me sauver du désespoir.

Le divorce contribue donc à multiplier les mariages ; et parconséquent, à augmenter la *population*. Je ne m'étendrai pas sur tous les avantages, sur toutes les richesses, qui seront l'effet d'une population plus nombreuse. Ce serait répéter ce que j'ai développé dans le premier livre. Je rappellerai seulement que, les pays les plus peuplés, sont aussi les mieux cultivés, les plus commerçans, les plus riches, et le plus en état de défendre leurs biens et leur indépendance; tandis que les pays les moins peuplés, sont sous tous les rapports, les plus misérables.

Mais, quelle est l'allarme, que le divorce répand sur les *mœurs*! à entendre ses antagonistes, tout est perdu. Il entraîne à sa suite, la débauche et la corruption. La société est ébranlée dans ses fondemens, et l'édifice va s'écrouler!.... Oh! s'il en est ainsi, que l'on se hâte de proscrire le divorce à jamais! que la malédiction s'appésantisse sur le monstre, qui osera le provoquer! qu'on resserre encore, s'il était possible, les nœuds du mariage; et qu'au sacrement, à l'indissolubilité, l'on ajoute d'autres liens, et de nouveaux châtimens! le salut public l'autorise; il le commande..... Mais, ne condamnons point sur parole: tâchons avant, d'éclairer notre jugement.

Les *mœurs*! eh! qu'y a-t-il de plus contraire, que l'affreux spectacle d'un ménage désuni ! quel exemple plus funeste aux jeunes gens et aux jeunes époux, que le crime d'adultère!.... qu'est-ce qui porte un coup plus terrible aux mœurs, que le scandale de deux époux qui se parjurent, se prostituent ; qui foulent aux pieds les engagemens les plus sacrés, et profanent l'état le plus saint!....

D'un autre côté, qu'est-ce qui influe aussi puissamment sur les mœurs nationales, que les exemples domestiques? n'avons nous pas vu les mortels effets de la conduite des pères, sur le cœur des enfans? n'est-ce pas au sein des familles, que se forment ces inclinations dominantes, que nous apportons dans la société, et qui ne nous quittent qu'au tombeau?

Enfin, les mœurs sont-elles moins pures dans l'église *Grecque*, où le divorce est permis, que dans l'église *L[illegible]ne*? sont-elle moins pures en *Suède*, en *Dannemarck*, en *Russie*, en *Prusse*, en *Pologne*, en *Hollande*, en *Angleterre*, dans les trois quarts de l'*Allemagne*, en *Suisse*; en un mot, dans tous les pays protestans, et chez toutes les autres nations du monde; qu'elles ne le sont en *Portugal*, en *Espagne*, en *France*, et dans la prostituée *Italie*?....

Il résulte donc que, ce n'est pas comme on le prétend, le divorce; mais l'indissolubilité, qui infecte la société, et l'attaque jusques dans ses fondemens.

D'ailleurs, je le répète, le divorce est plutôt un épouventail, qu'un remède qui sera réellement employé; et sa faculté même, empêchera le besoin d'y recourir.

Ce serait à tort que l'on objecterait, que lors du décret, nombre d'individus ont rompu leurs chaînes..... Il en était à cette époque, comme lors du brisement d'une digue qui, longtems, s'était opposée au courant des flots: à la première ouverture, les eaux amassées en grand volume, se pressent, se précipitent avec fracas; et dans leur course impétueuse, elles répandent au loin la terreur, et font mille ravages? mais bientôt le fleuve, purgé de tout ce qu'il a d'immonde, reprend son mouvement naturel, et ses eaux deviennent plus tranquilles et plus limpides que jamais. C'est ainsi, qu'il y a déjà beaucoup moins de divorces, que dans le principe; et qu'à l'avenir, il y en aura toujours moins. C'est ainsi que, dans tous les royaumes du *Nord*, comme anciennement dans toute la *Grèce*; ils sont très-rares. C'est ainsi enfin qu'en *France*, pendant douze siècles, les divorces étaient presque inconnus; tandis que les séparations, qui les ont remplacés, sont devenues très-fréquentes.

Je pourais d'ailleurs, des divorces multipliés qui eurent lieu parmi nous, tirer une induction convainquante en ma faveur; car véritablement, rien ne prouve mieux la nécessité de la loi, que le grand nombre d'époux malheureux.

Je ne pretends pas, que le divorce soit sans inconvénient. Mais, que l'on me cite une seule institution, qui n'ait les siens! Les hommes sont trop bornés et trop corrompus; ou, pour parler un langage plus philosophique et plus vrai:

les loix sociales contredisent trop les loix de la nature, pour qu'il y en ait jamais de parfaites; et, par leur seule existence, les loix attesteront toujours à-la-fois, l'imperfection des hommes, et l'abus qu'ils en feront.

Où en serions-nous, s'il fallait proscrire les choses dont on peut abuser? il faudrait les proscrire toutes; même celles indispensables à la vie; ce qui est absurde.

Le bien le plus parfait, est la source du mal (*).

L'on doit donc mettre le bien et le mal dans une balance; et, sans courir après une perfection chimérique, se décider pour le bassin qui l'emporte. *La sagesse*, dit MACHIAVEL, *consiste à bien connaître la nature des inconvéniens, et à choisir le moindre mal, pour un bien.*

Mais, est-il conséquent de permettre le divorce, dans un moment de corruption et de perversité?.... C'est précisément

(*) *Voltaire.*

alors, qu'il est le plus nécessaire : l'on n'a jamais un plus pressant besoin de remèdes, que, lors qu'il y a plus de malades, et qu'ils courent de plus grands dangers.

Cependant, l'on devrait l'admettre, même chez les peuples les plus vertueux; car, si alors il est inutile par le fait, s'il ne rend pas les mœurs meilleures; il a l'avantage inappréciable, de les empêcher de dégénérer. Ainsi, dans l'ancienne *Rome* le divorce, par sa salutaire influence, maintenait la fidelité conjugale, et contribuait à toutes les vertus; sans que, pendant l'espace de cinq cent vingt années, on y eût une seule fois recours.

FIN.

TABLE.

LIVRE X.

DU CÉLIBAT.

LIVRE II.

DU MARIAGE.

I. SECTION.

Questions préliminaires. Qualités nécessaires pour constituer un mariage heureux.

II. SECTION.

Ce qui exclut la félicité du Mariage.

III. SECTION.

Moyens de fixer le bonheur dans le mariage.

LIVRE III.

Fin de la Table.

www.ingramcontent.com/pod-product-compliance
Ingram Content Group UK Ltd.
Pitfield, Milton Keynes, MK11 3LW, UK
UKHW020555230726
13926UKWH00005B/2023